絲綢之路經濟帶與古州雁門

主编 韩建保 杨继东

山西出版传媒集团

山西人民出版社

图书在版编目（CIP）数据

丝绸之路经济带与古州雁门／韩建保，杨继东主编
．--太原：山西人民出版社，2014.12
ISBN 978-7-203-08883-7

Ⅰ.①丝 … Ⅱ.①韩… ②杨… Ⅲ.①丝绸之路—经
济带—区域经济发展—代县—文集 Ⅳ.①F127.254-53

中国版本图书馆CIP数据核字（2014）第288247号

丝绸之路经济带与古州雁门

主　　编：韩建保　杨继东
责任编辑：樊　中
出 版 者：山西出版传媒集团·山西人民出版社
地　　址：太原市建设南路21号
邮　　编：030012
发行营销：0351-4922220　4955996　4956039
　　　　　　0351-4922127　（传真）4956038（邮购）
E－mail：sxskcb@163.com　　发行部
　　　　　　sxskcb@126.com　　总编室
网　　址：www.sxskcb.com
经 销 者：山西出版传媒集团·山西人民出版社
承 印 者：山西臣功印刷包装有限公司
开　　本：889mm×1194mm　1／32
印　　张：7.75
字　　数：178千字
印　　数：1-2000册
版　　次：2014年12月　第1版
印　　次：2014年12月　第1次印刷
书　　号：ISBN 978-7-203-08883-7
定　　价：28.00元

如有印装质量问题请与本社联系调换

前　言

在近 20 年的历史文化名城研究、保护、管理中，本人形成了一个坚定而"顽固"的观点：古州雁门（今代县）是丝绸之路上的一个重要节点城镇，雁门关是"丝绸之路"上的一个重要关口。我在翻阅《史记》等典籍时，常常会设想出这样一些历史情节：在漫漫的历史古道上，许多商贾、传教士、名流、文人骚客，身着不同衣饰，操着不同语言，云集在雁门古州城。他们或是在此养精蓄锐、整装待发，然后逾雁门关，入内蒙古，北穿大漠戈壁入蒙古国，进俄罗斯，或是西转河西走廊经新疆，进入地中海一带。外入的探险家、僧侣和商贸客贩，也停待在雁门古州城，在休整中盘算，在休整中谋划，或是入晋阳赴长安经商、从政，或是留驻本州组建出入境的办事机构，充任派驻人员，或是带上丝绸、茶叶打道回原籍。

我的这些想法逐步在《北史》《隋书》《唐书》中得到证实，特别是太原虞弘墓志铭的出土，证明了虞弘（外籍人）任过代州萨保，代州也曾开过对外的管理机构萨保府，还有墓志铭证实了代州在唐代还筑外域人氏专门居住的城——宇文城。这些印证是详实的，但也是零碎的。

2013 年 9 月，习近平主席在访问中亚四国时，于 7 日在哈萨克斯坦的纳扎尔巴耶夫大学发表重要演讲。9 月 8 日的《人民日报》全文发表了习主席的演讲，并以《弘扬人

民友谊 共同建设"丝绸之路经济带"》为主标题作了重要报道。报道说，习主席在演讲中倡议用创新的合作模式，共同建设"丝绸之路经济带"，将其作为一项造福沿途各国人民的大事业。习主席指出，要从政策沟通、道路联通、贸易畅通、货币流通、民心相通五个方面做起。雁门历史文化研究界的同仁反复阅读了习主席的演讲和《人民日报》的报道，心潮澎湃，热血沸腾，想为"共享丝绸之路"，扩大古州开放，将雁门地域经济渐次融入西部经济圈、欧洲经济圈，做点文化方面的准备工作，舆论方面的导向工作。我们将这些想法向代县县委书记霍富荣同志作了汇报，霍书记当即表示大力支持，并拨付一笔启动资金。在此项工作进入冲刺阶段，县委常委、宣传部部长韩建保同志亲自挂帅，率众冲刺。

做好古州雁门的共享丝绸之路，将地域经济融入欧洲经济圈的文化准备工作，还必须邀请国内的知名专家参与。这样，我们的准备工作才能提高立足点，拓宽视野，使用新思维，于是我们向北京的、省城的、广东的以及代县籍在外工作的知名专家、知名人士发出了邀请。被邀请的专家、名流，都表现出了极大的热情，纷纷表示全力做好这项工作。国家文物局原政策法规司司长彭常新，用一个月时间写出近万字的文章，打出了第一炮。中国社会科学院叶舒宪教授和易华研究员亲自来代县考察，之后他们又和上海交大合作，派出弟子再次来代县考察，并写出了专题报告。广东的王明星教授率7人的考察团队到忻州，来代县做了两次考察。特别是山西大学历史文化学院博导、中国魏晋南北朝史学会副会长、省政协常委、民盟山西省委副主委李书吉先生，以"哥们"加专家的身份，率其弟子在百忙中积极参与，积极策划，并按时写出了高质量的论文。代县籍的学者、山西省工商局纪检书记马春生先生为此曾专门去北京做名人访谈。省委政策研究室机关工委书记、学者贺高明昼夜奋战月余搞出洋洋洒洒近三万字的研究报告。本县高建峰、蔚利平、刘妍、李广伟、赵亚峰等同志都积极参加了此项学术活动。

世遗名录，廊道和北方草原大通道。2014年6月22日在卡塔尔多哈举办的第38届世遗大会上，由中国、哈萨克斯坦、吉尔吉斯斯坦联合申报的"长安—天山廊道路网"成功列入世遗名录。列入本次世遗名录中的节点城镇没有代县和雁门关。但是，世遗丝绸之路的文化概念中包含了这两个点。丝绸之路是一个跨国的、意义深远涵盖宽广的文明互鉴之路，文化融合之路，商贾经贸之路，多种交流之路。表述这样一条道路，是个极难的技术问题。联合国教科文组织专职机构——国际古迹遗址理事会，遂提出了用"廊道"这个词表述。国家文物局有关负责人讲，植入"廊道"这个表述语后，"丝绸之路"有54条廊道，列入世遗名录的仅仅是一条廊道，还有其他廊道的资料工作还在整理中，剩余的53条中就有山西、内蒙古。所以有的专家讲："事实上，联系古代中国和西方之间的丝绸之路还不止这一条，还有横贯欧亚大陆北部的'草原之路'。"（《北方草原大通道上的新发现》见《光明日报》2014.10.15第14版）古州雁门和雁门关就是中原连接草原上一个重要节点城镇，一个重要关口。

历史长河中的重要节点朝代，这些朝代在丝路上的定位，也给古州雁门和雁门关定了位。东西两大文明的交汇是一个长期的历史过程，时断时畅，断断续续，历史弥久。历史上著名的事件很多，如汉朝昭君出雁门之塞，雁门关外出土了许多西域粟特人之墓，隋唐在代州设过萨保府。特别是在魏晋南北朝时的丝路盛况，山西著名学者张庆捷先生作了深入的探讨，并明确给了大同在丝路位置的定位。张先生在《丝绸之路与北朝晋阳》一文中陈述道："长安、洛阳是定都时间最长的城市，但并不是在任何历史阶段，都是丝绸之路的东端。丝绸之路的东端，在不同历史阶段有着不同的地点。比如北朝前期，北魏定都平城，平城一度是丝绸之路东端最繁华城市。""汉唐之际的北朝，与丝绸之路关系密切，起到独特作用。丝绸之路到唐代达到鼎盛，与北朝是万万分不开的。"张先生的结论很明显，在北朝时大同（平城）曾是都城，曾经是丝绸之路东端，那么与大同为近邻的代州、雁门关在丝路的地位可想而知了。

本书选编的论文，有的谈了学习习主席关于"丝绸之路经济带"伟大战略构想的体会，并对代县的转型发展提出建议，有的对古州雁门的丝路文化内涵作了深刻的挖掘和研究，还有的深刻阐述了丝绸之路的精神，反映了国内专家和代州乡贤对代县的深度关注。在论文集出版之际向关心代县、热爱代县的专家同仁致以崇高的敬意！

目 录

第一编：共享丝绸之路

第二编：丝绸之路经济带与古州雁门

第三编：西玉东输至雁门

第一编：共享丝绸之路

乘东风抓机遇，推进代县融入"丝绸之路经济带"

彭常新

目前，共建"丝绸之路经济带"正当其时。2013年9月7日，国家主席习近平在哈萨克斯坦纳扎尔巴耶夫大学发表演讲，提出共同建设"丝绸之路经济带"的战略构想。提出"以点带面，从线到片，逐步形成区域大合作"的工作思路，并为此提出"五通"举措：加强政策沟通、道路联通、贸易畅通、货币流通、民心相通。毫无疑问，这是古丝绸之路带给我们建设"新丝绸之路"的新灵感。

2100多年前，张骞两次出使西域，开辟了一条横贯东西、连接欧亚的"古丝绸之路"。20世纪90年代初，中国兰新铁路西段与哈萨克斯坦土西铁路接轨，标志着东起连云港，西至荷兰鹿特丹的新亚欧大陆桥全线贯通。建设"新丝绸之路"的初衷正是通过这条连接亚欧两大陆、辐射30多个国家的大动脉来促进国家间商业贸易往来活动而有了一个大的发展。

随着经济全球化的加速，特别是中国经济的腾飞，中国与中亚国家、欧洲国家之间的往来不论在广度上还是深度上都有了空前发展。"新丝绸之路"沿线国家已不满足于仅仅建设交通运输生命线，还要不断加深沿线区域经贸合作，形成"新丝绸之路经济带"。

近年来，总人口30亿的"新丝绸之路经济带"已具雏形。这条经济大走廊东端牵着活力四射的亚太经济圈，西边系着发达的欧洲经济圈，沿线国家经济互补性强，在交通、金融、能源、通信、农业、旅游等各大领域开展互利共赢的合作潜力巨大。"丝绸之路经济带"的概念已经存在一段时间了，但由中国最高领导人在公开的国际场合正式提出，尚属首次。这表明，建设"丝绸之路经济带"的概念在中国已由学术、局部和部门层次上升到了国家战略、外交战略的高度，体现了十八大后中国外交的创新举措，也是新一届中央领导集体提出合作共赢外交新理念的具体表现。

为了使欧亚各国经济联系更加紧密，相互合作更加深入，发展空间更加广阔，习近平主席代表中国政府提出：可以用创新的合作模式，共同建设"丝绸之路经济带"。这是一项造福沿途各国人民的大事业，可以从以下几个方面先做起来，以点带面，从线到片，逐步形成区域的大合作。第一，加强政策沟通。各国可以就经济发展战略和对策进行充分交流，本着求同存异原则，协商制定推进区域合作的规划和措施，在政策和法律上为区域经济融合"开绿灯"。第二，加强道路联通，逐步形成连接东亚、西亚、南亚的交通运输网络，为各国经济发展和人员往来提供便利。第三，加强贸易畅通。丝绸之路经济带总人口30亿，市场规模和潜力独一无二。各国在贸易和投资领域合作潜力巨大。各方应该就贸易和投资便利化问题进行探讨，消除贸易壁垒，降低贸易和投资成本，提高区域经济循环速度和质量，实现互利共赢。第四，加强货币流通。中国和俄罗斯等国在本币结算方面开展了良好的合作，取得了可喜成果，也积累了丰富经验，这一好的做法有必要加以推广。如果各国在经常项下和资本项下实现本币兑换和结算，就可以大大降低流通成本，增强抵御金融风险的能力，提高本地区经济的国际竞争力。第五，加强民心相通。国之交在于民相亲。搞好上述领域的合作，必须得到各国人民的支持，必须加强人民的友好往来，增进相互了解和传统友谊，为开展区域合作奠定坚实的民意基础和社会基础。

习总书记提出的共建"丝绸之路经济带"战略构想，是党中央坚定不移推进改革开放、加快向西开放战略的新举措。对加强区域合作及共同繁荣作了战略性开题，高层决策者的高瞻远瞩，历史性地把"丝绸之路经济带"国内沿线关联城市、村镇推到了国家'西进战略'的前沿，代县迎来了千载难逢的发展契机。

一、代县应当成为支撑经济带建设的一个城市支点

"成熟的发达经济带、经济区最初都是选择若干城市培育发展支点，然后以点带面，向外辐射，带动经济带快速向前发展。丝路经济带支点城市应具备古丝路印迹深厚、当下开展国际合作基础良好这两个先决条件。" 代县是中国历史文化名城、中国民间绘画之乡、中国民间文化艺术之乡和国际精品文化旅游县。是中国古代重要的行政治所、军事重镇、商贾通衢，是中原农耕文化与草原游牧文化碰撞交融的核心区域，完全具备支点城市的条件。

代县境内拥有历史、人文、自然等多种旅游资源，雁门关、代州古城、白人岩、赵杲观、杨家将故里五大景区蜚声中外。近年来，代县县委、县政府将发展文化旅游产业作为推动转型跨越发展的重大战略举措，全面实施"文化强县"战略，深入挖掘和弘扬代县博大精深、源远流长的雁门文化，切实增强雁门文化软实力，文化旅游产业步入了高速发展的快车道。

代县具有独特的传统民间文化优势。历史形成的农耕文化、饮食文化、商业文化独具品位，以代州小菜、酱菜、黄米油糕、柳枝寒燕等为代表的风情风味远近闻名，"菜代州"的美誉蜚声四海；作为中国古代通商的前沿阵地，涌现出了王廷相为代表的杰

出商人，成就了代商的繁荣和辉煌，留下了众多的作坊、商铺、票号。民间艺术异彩纷呈，流传至今的有社火、龙灯、花车、旱船、跑街秧歌、挠阁等30多种民间文化表演形式；山西梆子、北路梆子、道情、耍孩儿、二人台、八音会等多种曲艺；古建、刺绣、泥塑、剪纸、雕刻等多项民间工艺。峨口挠阁、雁门民居营造技艺为国家级非物质文化遗产保护项目，黄酒酿造技艺、代县面塑、上阳花社火为省级非物质文化遗产保护项目。

代县在加速农业产业化进程中，积极培育龙头企业。辣椒加工、獭兔养殖加工、两大黄酒厂的扩建、小杂粮种植加工、水果玉米种植加工等一大批农副产品加工龙头企业的建设和达产达效，带动了全县辣椒、黍米、水果玉米和优质小杂粮的种植，加快了全县农业产业化的进程。全力打造滹沱河南北两岸平川地区的高效农作物种植带和南北两半坡地区的干鲜水果经济林带。积极恢复水稻基地，发展辣椒基地，发展连片温室大棚，发展以核桃、杏果为主的双十万亩干果基地，以酥梨、玉露香梨、葡萄为主的5万亩水果基地，以红芸豆、黍谷为主的5万亩小杂粮基地。建设两个农产品加工物流园区，万亩现代农业示范园区，山庄经济园区，使全县的高效特色农业得到了较快发展。

代县在工业上不断发挥资源优势，争创新业绩。代县铁矿储量居全省第一，资源优势得天独厚。国际金融危机过后，代县紧紧抓住冶金行业市场复苏、铁精矿粉价格上涨的有利时机，对规模以上企业整合资源、集约重组、做大做强。着力实施大项目、大企业、大园区战略，促进产能大型化、生产集约化、利用清洁化、发展高端化，形成完整产业链条的战略性龙头项目。代县金红石储量居全国第二位，依托这一资源优势，丰富的钛资源优势将迅速转化为钛产业优势，将成为山西省唯一的钛产业新材料生产基地。

二、代县亦当积极融入"丝绸之路经济带"城市群

代县地处古丝绸之路北端，共建"丝绸之路经济带"是代县重塑历史辉煌，造福当代惠及子孙的重大历史机遇。一定要慎重谋划、合力攻坚，着力解决好事关长远发展的重大问题。

正是由于河西走廊的凿通，才使丝绸之路这条文明古道得以诞生，东西方文明在这里交流融通。从地理通道到政治经济通道，河西地区见证了华夏文明的流布、开拓和发展，黄帝"涉流沙，登于昆仑"，颛顼"西行于流沙"，大禹"导弱水入合黎，余波入于流沙"，周穆王西巡昆仑丘，老子骑青牛入流沙，这每一个远古故事；张骞出使西域，霍去病西征，隋炀帝西巡，凉州会盟，这每一次历史事件；敦煌莫高窟开凿，河西四郡设立，张掖万国博览会召开，这每一件文化盛事，都象征着华夏文明的东来西渐。历史悠久的敦煌，就像一盏沙海中的明灯，用温文尔雅的东方文明照耀着世界。曾几何时，金张掖、银武威、玉酒泉，这些城市像一颗颗熠熠闪光的明珠，在中国城市发展史上留下了浓墨重彩的篇章。在漫长的华夏文明演化过程中，在东西方文明的交流过程中，代县也涉足其中，留下了灿若星辰的历史文化遗产，成就了曾经车马辐辏、商旅云集的荣耀。

古丝绸之路沿线城市自古以来俱为一体，始终同进退，共命运。加之距离中心城市相对较远，地域较为集中，经济基础和产业结构较为相似等特性，要实现接轨全国经济，打造具有一定实力的走廊城市带、产业群，就必须走融合发展之路。丝绸之路经济带建设的战略构想是对千年"丝路文化""丝路精神"的再追溯和再弘扬。要加强历史文化名城名镇名村保护建设，塑造丝绸之路崭新的城乡风貌。在丝绸之路经济带建设中，要充分发挥文化优势，紧密围绕建设文化大县的战略部署，以历史文化名城名镇名村创建、保护、利用为抓手，推进全县城镇风貌塑造、文化

品位提升、宜居水平增强。

要大力发展县域经济，培育大县城、重点镇、中心村。在推进大中小城市以及城镇群建设协调发展的同时，更加关注以县域经济为主体的县域城镇化发展，完善县域基础设施和公共服务，延伸县域经济辐射带动半径，使县域成为吸纳周边农村人口就近就地城镇化的重要依托，形成一批人口聚集度高、产业发展较好、市场活跃繁荣、人居环境良好的大县城、重点镇、中心村，形成多层次、有活力、创新能力强的县域经济新体系。

要以科学合理的村庄规划为龙头，建设美丽村庄，指导村庄建设和村庄经济发展，实现村庄经济的繁荣与可持续发展。逐步构建小城镇、建制镇、中心村、农村社区梯次分明、发展有序的城镇化新格局，科学合理地优化配置农村各类资源要素，促进农村经济社会持续发展。要积极开展区域经济协作，推动丝绸之路经济带的共同繁荣。实施向西开发战略，加强区域经济分工协作，促进代县与中亚国家及周边各省区在能源、资金、人才、信息、文化、旅游等资源要素的交流融通，促进产业发展、经济技术的互补支撑，促进政府、企业、民间组织的沟通配合，共同致力于区域经济发展活力的增强。形成交通体系共建、要素市场共培、生态保障共享、产业分工互补、经济发展互利的良好局面。

三、坚持文化先行的方针

代县历史悠久，文化灿烂，具有独特文化特质和发展前景，具有欠发达地区文化率先发展的有利因素。在积极融入"丝绸之路经济带"城市群的过程中，文化可以先行一步，发挥其引领风尚、教育人民、服务社会、推动发展的重要作用，推动文化建设与经济建设、政治建设、社会建设、生态建设协调发展。要把文化建设作为转变经济发展方式的重要手段，大力发展公共文化事

丝绸之路经济带与古州雁门

业，努力把文化产业培育成国民经济的支柱产业，为人民群众创造优质的精神文化产品。要着力培养文化自信，提升文化自觉，稳中求进，做经得住时代考验的文化项目。长城不是一天修起来的，文化的重建也不可能一蹴而就，需要几代人的共同努力。传承创新华夏文明，复兴丝绸之路，具有长期性和艰巨性，要一届接着一届持之以恒地干下去，切忌饥不择食、急功近利式的"成功焦虑症"。要精益求精，对重点景区建设、重点文物保护、文化产业园区建设要精雕细琢，不要一哄而起，不能乱铺摊子，要站在历史的角度去审视，脚踏实地走出一条适合本地实际的发展之路。要善于区分文化与伪文化，分清精华与糟粕，做好文化的扬弃与取舍。要统筹兼顾，正确处理文化发展各要素之间的关系。文化事业是国家软实力的体现，政策、资金、人才等要素缺一不可。重要的是着力加强对文化的研究、保护、传承、创新的政策支持，发挥政府财政资金的引导作用，用优惠的政策、优秀的文化资源和优良的效益回报来吸引社会力量参与文化建设。同时，要高度重视人才培养、发现和引进，建立一个尊重规划和法治的市场环境，营造一种宽松的干事创业环境，让人们真正感受到自身的价值体现，从文化中得到实惠，让本地人才人尽其用，外地高端人才为我所用。继续实施以雁门关为龙头的文化旅游开发战略，强力推进"一心四线"旅游发展，全力打造"名关、名城、名将"特色旅游品牌，深入挖掘和弘扬代县博大精深、源远流长的雁门文化，不断增强雁门文化软实力。

要把机遇转化为现实推进力，关键要在务实上下功夫。一是抓好对外宣传推介，全方位展示代县文化品位、古朴城市风貌和教育、产业实力。二是抓紧研究可能合作的领域和途径，创新方式组织或委托有关机构，研究"丝绸之路经济带"沿线地区经济和社会发展状况、发展需求及法律制度，制订代县与这些地区经济技术、文化旅游以及民间交流等方面的合作项目参考目录，牵线搭桥，包装项目，走出去，引进来，促进产业、技术及资本在区域经济合作发展中的务实合作。三是举办若干宣传推介活动，借机借势通过筹划举办文化论坛、文化周等活动，加强与丝绸之路沿线城市的联系、沟通与合作，共赢发展。四是策划与"丝绸之路经济带"有关的各种展示与合作项目，围绕人才培训、金融服务、科技教育、文化旅游、文艺演出若干基础性有影响的项目策划，抓紧论证实施，强化代县作为丝绸之路关联城市的功能作用与资源禀赋。

党的十八届三中全会进一步指出要推进"丝绸之路经济带"建设，形成全方位开放新格局，这就赋予了古丝绸之路沿线及关联城市新的历史使命。代县有责任、有义务按照党中央要求，领导并通过全县人民的努力，在齐心协力把代县建成最具发展活力、最具创新能力、最具辐射带动作用的"丝绸之路经济带"新的综合承载区方面，抢先一步、有所作为。

（作者系国家文物局原政策法规司司长、《中国文物报》社长）

丝绸之路经济带与古州雁门

用现代艺术手段盘活旅游资源

——浅谈借鉴外省经验对雁门关旅游资源的开发

董阁礼

古话说的好，"天下九塞，雁门为首"。这是古人对雁门关的赞誉。雁门关给我们留下了历史文明的遗迹和苍凉厚重的历史画卷，早在战国时期，雁门关就是赵武灵王破林胡的战场，唐朝名将尉迟敬德也在关东建九龙寺，宋代杨延昭威镇三关。

千百年来，中原农耕文化和北方游牧文化在此地长期碰撞、交融和沉淀，形成了雁门关独特的古关文化、古城文化、古道文化、军事文化及佛儒道文化，这些文化浓缩了华夏五千年的文明。

今天的雁门关自2009年开始，在相关市县两级党委、政府的正确领导下，全面开发风景区旅游项目，进行了自1937年遭受日寇毁灭性破坏以来最大规模的修复建设。现如今，一个前后绵延7公里，覆盖面积30平方公里，集"吃、住、行、游、购、娱"等综合功能为一体的边塞文化旅游目的地出现在世人面前。

古往今来，任何事物的发展都离不开推陈出新，"古为今用，洋为中用"是最好的方法。对雁门关旅游资源的开发，我们也可在现有基础上借鉴外省对当地旅游景点的开发方法。

目前，如浙江横店的影视城、河南嵩山少林寺的佛乐大典、西安华清池的长恨歌表演，是国内发展得较好的旅游景点项目，这几个旅游景点既很好地传承了中华历史文化，也为当地居民的创收作出了贡献。以下，结合雁门关自身特点，对这三个外省旅游景点做简要介绍，并为雁门关作为历史文化景点的开发找新路。

一、横店镇的基本情况和建设经验

横店镇位于东阳市区东南18公里，凡是到过横店的人大都被它的影视城所震撼。自1996年以来，横店集团累计投入40多亿兴建横店影视城，现已建成广州街、香港街、秦王宫、清明上河图、明清宫苑、梦幻谷、屏岩洞府、大智禅寺、明清民居博览城、华夏文化园、红军长征博览城等近20个跨越千年时空，汇聚南北地域特色的影视拍摄基地，成为年接待500万游客的国家AAAA级景区和全球规模最大的影视拍摄基地，是中国首个"国家级影视产业实验区"，被美国《好莱坞报道》杂志称为"东方好莱坞"。

宏大的基地规模，丰富的拍摄场景吸引了谢晋、陈凯歌、张艺谋、王家卫、徐克、吴子牛、李少红、胡玫、唐季礼、尤小刚、张国立等大批名导和周杰伦、张卫健、巩俐、李连杰、赵文卓、陈道明、梁朝伟、张曼玉、章子怡、唐国强、李雪健、王志文、张丰毅、林志颖、吴京、赵薇、金喜善、藤原纪香、饭岛爱等国内外影视明星相继在横店影视城取景拍戏。自《鸦片战争》在横店影视城拍摄以来，已有《荆轲刺秦王》《英雄》《汉武大帝》《无极》《满城尽带黄金甲》《黄石的孩子》《投名状》《功夫之王》《木乃伊》等500多部，18000余集影视剧在横店影视城拍摄完成。

横店影视城之所以发展如此之快，关键是有自己独特的发展理念。横店影视城坚持"影视为表，旅游为里，文化为魂"的经营理念，实现了影视基地向影视旅游主题公园的转变，旅游产品由观光型向休闲体验型转变，游客可以深度体验影视拍摄并享受度假休闲的乐趣。横店影视城正在成为一处独具魅力的中国超大型影视旅游主题公园和中国娱乐休闲之都。

雁门关所在地代县可以学习借鉴横店模式，打破常规，大胆尝试，抢抓机遇，做到"人无我有，人有我新，人新我快"，牢牢把握发展的主动权，这也是横店近半个多世纪以来能经久不衰的原因之一。

同时，推动经济发展的过程中，关键人物至关重要。山不在高，有仙则名；水不在深，有龙则灵，地方不在大，有人则行。横店出了一个叫"徐文荣"的人，徐公移山，点化了横店的"八面山"，使之变成了农民的"致富山"。徐文荣曾先后被评为全国优秀乡镇企业家、中国经营大师、全国改革风云人物、中国农村新闻人物、中华大地之光新闻人物、全国农业劳动模范，是第四届全国科技实业家创业奖金奖获得者、全国技术经济大师、全国优秀企业家，2000年获得全国劳动模范荣誉称号。

徐文荣最早创业时横店村只有1000多口人，后来几经扩并，如今的横店镇已扩大到108个村，近7万人。更重要的不是地盘、人口的增加，如今横店成为城市已不再是"乌托邦"，他们正积极配合镇政府把工业化、城市化的戏唱得更红火，让镇里的农民全部成为城镇居民。在浙江省编制的城镇体系规划中，横店被列为与兰溪、永康同一等级的城市。

代县政府充分调动和吸引了民间资本、社会资金参与雁门关的开发建设。雁门关作为旅游景点的发展也按照"谁投资、谁开发，谁经营、谁受益"的原则，吸引社会资本投入到旅游基础设施、接待设施的建设上来。代县政府建立"旅游产业发展基金"，每年投入一定比例的资金支持，主要用于景区建设、基础配套、宣传促销、资源保护以及旅游商品开发等。人民群众也是发展旅游业的受益者和参与建设者，他们大力宣传开发雁门关的重大意义，营造良好的舆论氛围，这些对雁门关的新发展也起到重要作用。

二、禅宗少林·音乐大典对雁门关旅游发展的启示

当今世界，旅游业的发展趋势由"观光时代"和"休假时代"转向"文化游乐时代"和"旅游文化时代"，"文化"将成为当今世纪旅游发展的灵魂。先秦思想家墨子所讲的，"食必常饱，然后求美；衣必常暖，然后求丽；居必常安，然后求乐"，所以旅游作为一种跨时空的消费活动，它的广泛出现是经济发展驱使的结果，正如从人的本性看，其需求欲望是无限的，人在基本生存需求满足之后，随着收入的增长，必然追求更高的物质享受和精神享受，会自觉不自觉地向高层次的需求欲望迈进，即有了休养身心、调节精神的生存需求，有了丰富生活、审美娱乐的享受需求，有了自我发展和自我实现的心理需求。于是，关于这方面的旅游产业孕育而生，河南少林寺的《禅宗少林·音乐大典》正是一场直指人心性的佛乐禅音演出，是全球最大的山地实景演出，由郑州市天人文化旅游有限责任公司投资建设，项目总投资3.5亿元人民币，演出项目投资1.15亿元人民币。先后被评为"国家文化产业示范基地"、"中国创意城市——城市文化名片"、"2008中国创意产业先进单位"，并在全国"最美的五大实景演出"评选活动中，获得了网络投票第一名的成绩，成为中国实景演出的扛鼎之作和河南文化旅游"新名片"。

项目选址在距登封市西十公里的待仙沟，距少林寺七公里。主要表演舞台为一片峡谷，依山呈竖状排列，近、中、远景层次分明，峡谷内有溪水、树林、石桥等，构成实景表演的要素。整个演区长近三公里，演出最高点1400米，为全世界最大的实景舞台。观众席由曲折的木廊和庙宇形态的建筑构成，与自然景观和谐，并在观众席内放置蒲团。观众坐在蒲团上观看演出，是剧场的一大特色。蒲团坐席设定有2700个（分普通席与贵宾席）。

《禅宗少林·音乐大典》由谭盾担任艺术总监和音乐原创，梅元帅制作，易中天、释永信任顾问，黄豆豆编导，阵容强大，实力空前。演出分为《水乐》《木乐》《风乐》《光乐》《石乐》五个乐章，演出规模宏大，音画一体，88架古筝的激情演奏，近600人的禅武演绎，春夏秋冬的景观变化，直指心性的佛乐禅音，奏响了一曲中岳嵩山的辉煌交响，每天晚上的定时演出，成为中原文化旅游的一大亮点。

《禅宗少林·音乐大典》自2007年4月27日首演以来好评如潮，作为河南文化旅游的一张耀眼名片，吸引了无数中外游客的目光。

旅游与文化的关系密不可分。有专家认为，旅游在发展的初期是经济—文化产业，在发展的成熟期是文化—经济产业。近年来，旅游者的需求已从单纯注重对自然风光的观赏逐步转为对旅游目的地的文化、民族风情和风俗及自然风光的体验。同河南省一样，山西也是厚重的黄河文化的主要代表之一，它历史悠久，人文荟萃，拥有丰厚的历史文化遗产。雁门关作为山西省对外宣传的重要名片，旅游经济的发展也将挖掘丰富的人文资源，努力打造"边塞风情"文化品牌。同中原文化一样，边塞文化也有着极其渊深的社会历史积淀，同样也是民族文化瑰宝。历史给雁门关留下太多的悲壮故事和文人骚客们不朽的篇章，"雁门关"的称谓，始自唐初。北方突厥崛起，常常南下侵扰。唐驻军于雁门山，于制高点铁裹门设关城，戍卒防守，延续五代十国、宋、辽、金、元约四百年。雁门关作为边塞文化的代表，1700多次的大小战争贯穿了中国军事史的全过程。可以把雁门关融入文化的内涵，打造"边塞文化"、"兵戎文化"新的旅游区域。另外，跟雁门关有关的穆天子西巡、胡服骑射、白登之围、马邑之谋、汉武帝击匈奴、昭君出塞、孝文帝南迁、靖康之变、慈禧西逃、雁门关伏击战、夜袭阳明堡飞机场等这些影响中国历史进程的事件，也都见证了历史的兴替和民族的离合。总之，雁门关3000年的历史完全能让今天的雁门关继续发展下去。

三、从西安华清池长恨歌表演看雁门关旅游发展

陕西同山西省一样也是文化大省、旅游大省，省会西安市更是全国闻名的旅游城市。被称作十三朝古都的西安，每年都要接待数以千万的中外游客。到陕西看什么？秦始皇陵兵马俑、汉唐诸帝陵墓、大小雁塔、兴善寺香积寺净业寺……除了文物古迹，似乎陕西再拿不出什么让人眼睛一亮的东西。

如此厚重的文化历史底蕴，确实值得让陕西人骄傲上一阵子。可对于从外地来观光旅游的游客来说，来旅游一趟不过是重温一遍古代历史，也难怪游客发出"在陕西旅游是白天看庙，晚上睡觉"的感叹。还有不少人说，到陕西旅游就是看看坟堆、瓦片，还有一些死人的殉葬品。

文物还是那些文物，景点还是那些景点，如何能改变单一的旅游发展模式，增加旅游新亮点，为本地旅游业注入新的活力？西安华清池的管理者也意识到了这一点。如何提供更能留住游客

的服务，让游客愿意在华清池里多留一阵，从而改变看完就走的旅游计划、带动当地旅游服务业的发展？陕西旅游集团和华清池的领导们都在苦苦思索着。

从原始社会就有先民繁衍生息的华清池一带，此处有6000年的温泉利用史和3000年的皇家园林建筑史。3000年前的骊宫里，周幽王与褒姒笙歌欢夜；1500年前华清池畔的长生殿里，唐玄宗与杨贵妃对天盟誓……可历史毕竟距今天已太遥远，如何把遥远的历史文化与当今的旅游结合起来呢？历史上众多幸临过华清池的帝王们和来此游览过的文人骚客数不胜数，选谁作为舞剧的主角呢？陕西旅游集团和华清池旅游公司的领导们认为当然是非唐玄宗和杨贵妃莫属。一首白居易的《长恨歌》将两人发生在华清池畔的爱情绝唱演绎得淋漓尽致，华清池旅游公司市场策划部做出了一份项目策划书。以白居易《长恨歌》为故事脚本，以真山真水的实景演出和华美飘逸的舞蹈，勾勒出了舞剧《长恨歌》实景。

新开业的景区往往会迎来一个旅游人次直线增长的发展阶段，但作为老景区的华清池在2003年左右已经出现了游客量下滑的趋势。《长恨歌》舞剧推出之后，立刻为华清池提升了人气。《长恨歌》开演一个月，共接待了5万多名游客前来观看演出。也就是说，平均每天有一两千人专为《长恨歌》而来。数字是最好的证明，《长恨歌》这一步棋，华清池算是走对了。历史舞剧播出后，华清池旅游景点的收入比播出前整整提高几千万。

文化学者、陕西省文联副主席肖云儒在观看完《长恨歌》后说："《长恨歌》开创了陕西歌舞剧的一个新平台，是陕西歌舞界的重要改变。它不再遵循以前那种古典还原古典的模式，而是达到古典还原现代的思维，对陕西旅游资源的开发、市场思维的形成来说，是一个开端。"

由此看来，关于历史文化资源，任何地方都一样，要有通过对历史文化资源的重新梳理、发掘、应用而取得再生资源，这些再生资源以丰富的文化内涵为现代旅游业服务。华清池《长恨歌》舞剧将山、水、遗址、历史和现代舞美艺术完美结合，就具备了一种向世界讲述西安故事的文化话语权。

雁门关景区的发展完全可借鉴国内著名景区的发展。雁门关需要独具特色的、不可替代的、给游客耳目一新、心灵震撼的娱乐项目来补充完善它的旅游产品结构。横店影视城、少林寺的佛乐大典及《长恨歌》的成功演出，对拉动相关产业的发展已经起到了积极作用，以后还将产生更为深刻和长久的影响。

总之，纵怀想观历史，雁门关的人文是厚重的，景色是美丽的，它自古以来就有重要的军事战略地位，是历史上中原与北方各民族进行商业贸易的重要渠道，对促进勾注陉南陉北人们的沟通、往来，对中原农耕文化与漠北游牧草原文化的相互交流，对历史不同时期的民族融合，中华民族的形成起过相当重要的作用，丰富多彩的民风民俗、军事故事、名将传说、边塞文学、佛道儒文化等形成了独特的雁门文化。雁门关旅游资源丰富、特色绝、区位好、品牌高，具有很大的旅游开发价值和开发潜力。通过科学合理的开发和保护，可以吸引更多人来领略雁门关的风采，品味雁门关的无穷魅力。

（作者系人民日报社主任记者、法学博士）

抢抓重大历史机遇，积极投入"丝绸之路经济带"建设

雁门文化研究会

在"古丝绸之路"上，古关雁门关，是一个重要关口。出雁门关再出杀虎口，进内蒙古、宁夏、甘肃、新疆，然后踏上了去中亚、欧洲的漫漫"丝绸之路"的经济文化之旅。在"古丝绸之路"上，古州代州，是一个重要节点县城。进了杀虎口，进入雁门关，住在古代州城的胡商云集于古老代州城，他们在策划，他们准备着抢滩中原行动。

今天，在"丝绸之路经济带"这个伟大战略构想面前，曾经的古关、古州，现在的全国重点文物保护单位、现在的国家历史文化名城，又迎来了一个经济、文化发展的重大机遇，古关、古州的人民要鼓足勇气、奋力拼搏，向西开放，向西寻求战略合作伙伴，来个转型跨越、来个重铸辉煌。

一、认真学习《弘扬人民友谊 共创美好未来》，努力践行"丝绸之路经济带"重大战略构想

习近平主席在2013年9月初，出访中亚四国时"倡议用创新的合作模式，共同建设'丝绸之路经济带'，将其作为一项造福沿途各国人民的大事业"。习主席的这个战略构想，得到了"丝

绸之路"沿途相关国家的积极回应，国内"丝绸之路"的沿途省、区和相关市（盟）县（旗），纷纷举办高层文化峰会、经贸洽谈会议，进行顶层设计，寻找合作伙伴，推进向西开放。

"丝绸之路经济带"这一重大战略构想，是习主席在哈萨克斯坦纳扎尔巴耶夫大学演讲时提出的，演讲的题目是《弘扬人民友谊　共创美好未来》。演讲后的第二日，即2013年9月8日《人民日报》在头版头条对此演讲作了重要报道，题目是《习近平在哈萨克斯坦纳扎尔巴耶夫大学发表重要演讲，弘扬人民友谊，共同建设"丝绸之路经济带"》。习主席在演讲中提出："为了使我们欧亚各国经济联系更加紧密，相互合作更加深入，发展空间更加广阔，我们可以用创新的模式，共同建设'丝绸之路经济带'。这是一项造福沿途各国人民的大事业。我们可以从以下几个方面先做起来，以点带面，从线到片，逐步形成巨大区域合作。"习主席在演讲中提出可先从五个方面做起：第一，加强政策沟通；第二，加强道路联通；第三，加强贸易畅通；第四，加强货币流通；第五，加强民心相通。

习主席在演讲中，阐述了丝绸之路的辉煌历史。他说："2100多年前，中国汉代的张骞肩负和平友好使命，两次出使中亚，开启了中国同中亚各国友好交往大门，开辟出一条横贯东西、连接欧亚的'丝绸之路'。"习主席在演讲中还深情地说："我的家乡陕西就位于古丝绸之路的起点，站在这里回首历史，我仿佛听到了山间回荡的声声驼铃，看到了大漠飘飞的袅袅孤烟。这一切让我感到十分亲切。"

"古丝绸之路"在地域上是一个大的地域文化概念。专家说，它是人类历史上规模最大的文化之路。它以中国的长安、洛阳为起点，经中亚向西到地中海地区；经中亚向南延伸至南亚次大陆，横跨欧亚大陆。东西长1万余公里，南北宽3000余公里的广阔区域。

今天的"丝绸之路经济带"是一个更广阔的地理文化概念。陕西省委书记赵正永根据他的学习体会和理解，描绘出"丝路经济带"的大致范围。他说，根据习主席2013年9月7日在哈萨克斯坦纳扎尔巴耶夫大学的演讲和9月13日在上海合作组织的讲话精神，"丝绸之路经济带"核心区域大体上包括上海合作组织6个成员国、5个观察员国和欧亚经济共同体国家，总人口近30亿。

二、"丝绸之路"国内段沿途相关省、区行动迅速、出实招

（一）陕西省的行动：建设丝绸之路新起点，打造内陆中枢纽港，把西安建成向西开放的桥头堡，承东启西，贯通欧亚。

1.陕西省委书记赵正永撰文谈学习体会，谈陕西省的行动。《向西开放，西部大发展的新机遇——学习贯彻习近平同志共建丝绸之路经济带的战略构想》一文，详述了作者陕西省委书记赵正永的部署安排，该长文刊登在2013年10月29日的《人民日报》。全文共分三个部分：一是"辉煌历史，深刻启示"；二是"重振雄风，意义重大"；三是"顺势而动，率先突破"。作者在第三部分对陕西省向西开放作了全面的部署和阐述。他说："我们一定要紧紧围绕习近平同志建设丝绸之路经济带的重大战略构想，按照政策沟通、道路联通、贸易畅通、货币流通、民心相通的要求，以建设西安国际化大都市为核心，以构建欧亚立体大通道为基础，以加强商贸物流、文化旅游、先进制造、科技教育、现代农业等领域合作为重点，抓住机遇，积极主动作为，把陕西打造成丝绸之路经济带的交通物流商贸枢纽，文化科教交流核心区，承接产业转移示范区，高端生产要素聚集区。"即陕西的目标是一个枢纽三个区。

2. "长安号"开行。2013年11月28日，首列西安至哈萨克斯坦国际货运班列"长安号"开行。长安号将运载着内陆地区向西开放的梦想，沿着陇海兰新线，穿越富饶的关中平原，美丽的新疆大草原，抵达哈萨克斯坦。"长安号"国际货运班列，总体规划为"一干两支"。"一干"是西安——鹿特丹，全长9850公里；"两支"为：西安——莫斯科，全长7251公里；西安——热姆，全长5027公里，行程10天（其中西安至阿拉木图，全长3866公里，行程6天）。

3.西咸高新技术区建设的推进。赵正永说，"西安是丝绸之路的起点城市，在建设丝绸之路经济带中具有重要地位"，"加大省、市共建西安的力度，加快推进西安咸阳一体化进程，推进西咸新区城市发展创新试点……努力把西安建成丝绸之路经济带的金融中心"。把西安建成金融中心，会大大推进人民币国际化，更有利于"丝绸之路经济带"的发展，这个工程了不得！

（二）甘肃省的行动：全省全力出动，积极策划"丝绸之路经济带"建设

1.2013年10月末，甘肃省在兰州市举办了"丝绸之路文化峰会"。本次峰会由甘肃省主办，新华社甘肃分社承办。峰会的主题是"丝绸之路的文化传播"。参会的专家、领导以世界眼光、世界影响为标准，对峰会主题进行了论述。本次高端文化峰会安排了6个单元：总论、地理、摄影、经济、考古、纪录片。

在峰会上，中科院院士陆大道发表了《丝绸之路经济带的战略意义及发展方向》研究报告。世界摄影大师、纪录片《丝绸之路》作者麦克·山下，著名文化学者余秋雨，中国社会科学院学部委员王巍，中国摄影家协会主席王瑶，也都从各自专业的角度发表了研究报告，对甘肃"建设丝绸之路经济带"提出了建议。

2.加快兰州新区建设，形成国家级增长级区域经济。兰州新

区为第五个国家级新区，地处"丝绸之路"关键节点，在区域经济格局中地位显要。当地已形成一个共识：加快兰州新区的建设，最关键的是培育、发展、壮大现代产业体系。用这个产业带动经贸合作，带动商贸物流，然后打入中亚经济圈、欧洲经济圈。

（三）宁夏回族自治区的行动：办好"中国—阿拉伯国家博览会"

国务院批准，从2013年起，宁夏每年举办一期"中国—阿拉伯国家博览会"。博览会由商务部、中国国际贸易促进会、宁夏回族自治区人民政府共同举办。博览会的前身是"中国（宁夏）国际投资贸易洽谈会暨中国阿拉伯国家经贸论坛"。博览会的定位是国家级国际性的综合性博览会。在博览会这个大平台上，中国与阿拉伯国家及世界穆斯林地区政府展开高层对话，寻求经贸合作伙伴，开展文化交流，这里是中国向西开放的战略高地，是"丝绸之路经济带"建设的重要载体。博览会集高峰会议、主题论坛、商品展览、投资洽谈、文化交流于一体。

2013年的博览会，共有7348名嘉宾参加，其中国外嘉宾近2000名。共有46家中外大型商会、协会，1200多家大型企业和金融机构参加了本届博览会。2013年这届博览会签约大型项目158个，签约金额2600亿。

宁夏在"丝绸之路经济带"中占有特殊的交通位置和优势，特别是航空交通尤为显著。宁夏是连接中东、中亚、非洲、欧洲的主要国际航线，是古"丝绸之路"的必经之地。现在是中国同阿拉伯国家贸易的桥梁和纽带。专家们是这样讲宁夏的区域优势的：宁夏是阿拉伯国家向东看，内陆地区向西开放的交会点。

（四）国家有关部门加大丝绸之路的宣传和保护力度

1.国家文物局大抓丝绸之路申报世界文化遗产工作。近年来国家文物局多次召开各种会议和国外的相关国家商谈申遗的具体事宜，协调国内的相关省份确定申报项目，指导协调省、区间的申遗具体工作，编制申遗文本。国家文物局还从人力、资金上保证申遗项目的实施和工作的落实。2013年1月，中国与哈萨克斯坦、吉尔吉斯斯坦确定了一个申报世遗正式文本，并正式报送联合国教科文组织。报送文本的题目是"丝绸之路：起始段与天山廊道的路网"。

2.六省区文物部门召开了协作会议。2013年11月底，六省区在西安召开联席会议，共商"丝绸之路"文化遗产保护大计，参加会议的是在"丝绸之路"沿线的河南、陕西、甘肃、新疆、青海、宁夏。这六个省区的文物局负责人，文化遗产保护部门负责人出席了会议，会议达成一致意见，成立"六省区保护丝绸之路遗产联盟"，办好专题展览，送展览到丝绸之路沿线的中亚国家，建立丝绸之路资料库，为丝绸之路申遗拓展项目做好相关准备。

3.国家博物馆的活动。2013年11月15日"中国—阿拉伯国家博物馆馆长论坛"在北京开幕。论坛的指导思想是"深化全面合作、促进共同发展"。本次论坛重点交流了中国与阿拉伯国家博物馆的内外政策、发展现状、成功经验、彼此诉求、合作远景等。中国文化部副部长丁伟，也门文化部副部长胡黛、埃及文化部副部长哈迈德、中国国家博物馆馆长吕章申参加了本次论坛，出席本次论坛的国家是阿拉伯13成员国以及成员国的国家博物馆馆长。

4.国家传媒体的活动。2013年11月初，国家互联网信息办公室主办、陕西省互联网信息办公室承办、西部互联网协办，组织大型采访队伍，开展了为期一周的"2013新丝绸之路大型联合采访活动"。本次活动范围大、影响广、发的文章多，形成了文保单位和多种媒体的互动。

（五）《银川共识》的产生，区、县的活动

"丝绸之路"沿线的23个市（盟）、县（旗）积极行动，联手协作，积极向银川"综保区"这个平台靠近。各地抢抓"丝绸之路经济带"这个重大历史机遇，为本区域的综合发展增动力、添活力。2013年12月5日，宁、蒙、陕、甘毗邻地区共同发展联席会议第10届年会，暨第四届经济技术合作洽谈会在银川召开。银川、鄂尔多斯、榆林等23个市（盟）、县（旗）有关负责人出席了会议。本次联席会议的主题是"携手银川综保区、共促区域大开放"。参会的市、县旨在通过联席会议这个平台，抢抓"丝绸之路经济带"历史性机遇，用好银川综保区这个对外开放平台，为本行政区域发展增动力、添活力。在这次会上，23个区域负责人签署了《银川共识》，强调这些区域继续加强经贸、能源资源、文化旅游领域的合作。在本次年会上，这些区域共达成8个项目，总金额36.08亿元。

三、抢抓重大历史机遇，扩大开放门户，实现古关古州的转型跨越发展

（一）确认古州、古关在"丝绸之路"上的历史位置，在历史位置中找出今天在"丝绸之路经济带"建设中的发展坐标

古雁门关和古代州，在古丝绸之路上也占有"节点"的重要位置，确认其位置可以激发雁门代州的自豪感、责任感、时代感。在"丝绸之路经济带"重大历史机遇面前，找准今天雁门关和代县的位置，可以找出代县实现转型跨越发展的发展新思路、发展新抓手、发展新举措。

在"丝绸之路经济带"重大战略构想面前，省政府也开始了找位置、找机遇、找抓手。2013年11月底，省政府主要领导开了一个高级别的小型智囊会议，会议的主题就是"抢抓丝绸之路经

济带这个重大历史机遇，促进山西转型跨越发展"。出席这个会议的专家来自山西大学、山西社会科学院、山西省考古研究院、山西省史志研究院。参加会议的还有省直农业、经贸、商务等单位的主要负责人。专家们首先讲了山西（包括雁门关在内）历史上在丝绸之路上的位置和定位，然后从国家发展战略的层面，提出了山西向西开放的切入点。

（二）古雁门关、古代州，早在3000多年前的商朝就是中原国家战略物资——西域玉料转输中原的旱码头

为何把玉料称为国家战略物资呢？在古代，国家有两件大事：一是祭祀天地诸神和先祖，一是攻伐守戍的兵事。玉器之所以作为国家重要战略物资，是因为它在祭祀中有通神鬼、知天意的作用。国家的统治集团通过巫师和玉器告知天地诸神要办的事，知晓天地诸神要人间办什么事。玉器是沟通神灵与人的中介，做玉器即神器的玉料哪里有呢？在中原遥远的西域，即今新疆。有两片甲骨记载了中原商朝统治者从西域争夺国家战略物资玉料的过程。商王派出军队到一万公里之外的西域打了3年的仗，开战的对方是名叫鬼方的当地部落，目的是争夺玉料开采权。战争的结果是当地部落"鬼方"遭到毁灭性的失败，商王牢牢掌握了开采玉料的主动权。战争结束后，开辟了一条"西玉东输"的长达一万多里"玉石之路"。在玉石之路上有两个官设的东西节点。西边的是"玉门关"，东边的是"雁门关"。东来的玉料运到雁门关才算进入中原，之后由朝廷支配分散至各地进行加工琢器。这是中国社科院研究项目《中华文明探源、神话学研究》的结论。本课题有两个贡献：其中一个就是"西玉东输"的路线，即雁门关玉料旱码头的定位。

在汉代，古雁门关就相当于今日深圳的口岸，古代州就相当于今日的深圳。当然，规模、经济总量远比不上今日的深圳。但

丝绸之路经济带与古州雁门

代州是中原王朝和匈奴进行政治沟通、经贸物流、文化交流的桥头堡。那时代州有个"国际级"红顶大商人叫聂壹，他专做内地和匈奴的贸易，他甚至成了匈奴军臣单于可汗最信任的商人。由于聂壹活动于双方的高层，于是才有了历史上著名的"马邑之谋"。聂壹到匈奴汗庭告军臣单于，"吾能斩马邑令丞，以城降，财物可尽得"，军臣单于信。聂壹回马邑后杀一死囚，悬尸于城头。汉以李广、公孙贺、王恢、李息、韩安国等率30万大军埋伏在马邑城傍谷中，后军臣单于觉有伏兵，攻破武州城探得实情，返回大帐。从"马邑之谋"、"聂壹之重"可知，雁门关和代州在汉和匈奴关系中之重要性。

在隋唐之际，古代州和雁门关更是一个开放的重镇，在代州常驻的西域胡商、粟特商人有200户以上。这个数字是从隋唐时期专门管理外驻商户行政机构萨保府的设置来推算的。萨保府的最高行政长官萨保由外域人担任，一州开萨保府的条件是本州常驻的外来胡商必须在200户以上。太原出土的虞弘墓墓志铭讲，虞弘在隋时曾任代州萨保。那照此推算，在隋朝，代州常驻的胡商即外商至少在200户以上。到唐朝，世道太平，更加开放。专设宇文城，供胡商集体住，宇文城亦同其他城设计一样，有坊有里。今还有宇文村。

明朝雁门关和代州又是茶马古道上的一个重镇，其出关管理方法是在太原缴款领"引"（出关证），到代州和雁门关后勘验。

至清代，代州更是走西口的一个大口，与东口张家口齐名。

古关、古代州在丝绸之路的重要节点位置，是自己会讲话的，只要我们肯和历史对话，这些文物就会告诉我们历史智慧，把握历史提供机遇的经验，鼓起今天的勇气，勇于今天的担当，开创明天的辉煌。古代州、古雁门关在"丝绸之路"上的节点位置，可推出今天向西开放的坐标，这个位置就是向西、向南，靠近大平台，踏上国际航班、国际班列。

（三）向西行500公里，踏上"中国—阿拉伯"国家博览会这个国家级的国际平台，把古关、古州的经济文化触角伸向中亚、海湾国家

在"中—阿国家博览会"这个平台上，商机无限，合作机遇比比皆是，合作伙伴纷纷登台展示自己的形象。供选择的项目、伙伴很多。如2013年参加博览会的主宾国，科威特代表团有130余人，他们分属科威特10个政府部门、26个私营企业。科威特的展位面积达1000平方米，参展的项目涵盖了石油化工、投资融资、食品、穆斯林用品、商贸服务等。代县有丰富的传统商贸、工艺、人力资源。目前代县从事传统技艺的民间组织有几百家，传统技艺的技术人员有铜匠、铁匠、银匠、金匠、木匠等约3万人。这些人员从佛教、道教到伊斯兰教等用品的生产、开发均有一手绝技、绝活，传承历史数百年。代州的绝活打铜壶，将一块红铜用锤子一下一下就要打成一把熬奶茶的大铜壶，这个工艺在内蒙古和新疆很有市场，在民国年间仅枣林西马村就有20多个这样的匠人。现在内蒙古丰镇、山西大同还有这样的店铺。如果我们让这些手工产品进入"丝绸之路经济带"都露一手、出大彩，打开市场，就能把手工铜制品事业做强做大。

代州有长城、长城第一关雁门关，还有数百处文物保护点。搞文化输出，长城文化是外国人认可的、向往的。"上下两千年，横亘10万里，长城修筑时间之长，工程量之浩大，古无其匹，为世界独一奇葩。"如果把长城和丝路相媲美的话，长城雁门段，作为其中一段，亦是丝路上的一个特殊段：历史丰富独特、文化信息鲜明独到，地域特色鲜明强烈，卖点颇多。长城在当今已成为国内外交流的重要窗口。"不到长城非好汉"的著名

诗句，抒发了一代伟人毛泽东超越古人的雄壮胸怀，表达了对长城的敬仰。长城雁门段的独特性，在于它的建筑丰富性，历史的重叠性。在商周时，它是玉石之路的一个节点、终点。在秦汉时期是一个冲撞、物流集散地段；在隋唐时期是一个向西域开放的商贸重点口岸；在明朝是茶马古道上的一个重镇；在清代民国是走西口的内地第一口。这些都是向西开放的资本，向西输出的文化资源。

做大代县旅游工作，目前最具操作性的抓手是"续接"两字，即把长城雁门关段先和邻近的世界遗产地五台山、云冈石窟联接起来，成为遗产地的一个文化单元：长城商贸文化单元。然后让雁门关和古代州乘着两处世遗的"旅游班列"进呼市、银川、武威、张掖、敦煌，再然后进入新疆，最后入中亚、南亚、欧洲。

（四）向南行700公里，踏着"西咸新区"建设和西安国际化大都市建设的节拍，体验一下"长安号"国际班列的速度

西安和咸阳两座城市一体化建设，并成立"西—咸"新区，这是构建西部金融中心、建设向西大开放桥头堡的需要，也是构建西—咸经济圈，贯彻"丝绸之路经济带"战略构想的一个重要举措。同时我们要特别关注的是"西—咸"新区是一种新式城市的发展模式，是一个城市发展方式的创新试点。西—咸新区有很多经验可供我们借鉴。

我们现在也在搞新、旧两座城的保护和建设，根据"西咸新区的经验"，我们首先有一个准确的定位，确定一个建设目标，代县的城市建设有一个最基本的制约，是中国历史文化名城这顶帽子，再具体一点是长城雁门段上的一个历史重镇，民族融合重点地段，"丝绸之路""茶马古道""玉石之路"上的一个重要关口。在这个鲜明个性鲜明特点的约束下，再确定新城的主体功

能是什么，旧城的主体功能是什么。围绕两座城的主要功能，再考虑如何优化城市的空间布局，如何选用市政公共服务设施，如何选用铺设先进的可与国际接轨的电子网络，如何建设先进的电子商务办公平台。两座历史文化底蕴深厚、现代设施文明、既古老又现代的城镇矗立在雁门关下、长城边缘，此时梧桐树就栽好了，商业的金凤凰就会飞来筑巢，那么代县的区域经济这股涓涓细流就汇入"丝绸之路经济带"这股经济大流，汇入欧洲共同体经济圈，中亚经济圈，阿拉伯穆斯林地区经济圈。那时的古州代县，古关雁门，又像"玉石之路"时那样显赫，秦汉时那样重要，隋唐之时那样繁盛，茶马古道时那样发达。

四、2014"丝绸之路经济带"行动之年

国际上和国内的一些政治家、经济学家，包括我国的一些驻外大使，在年初热议"丝绸经济带"这个热词时都讲：2013年是"丝绸之路经济带"的谋划和规划之年，2014年则是启动和行动之年了。在国际上，当习近平主席提出"丝绸之路经济带"这个战略构想后，丝绸之路沿线的相关国家不同阶层人物用不同方式作出了积极的回应。2014年1月初，中国驻哈萨克斯坦大使乐玉成说，他用中文、俄文、英文三种语言分别在网上搜索"丝绸之路经济带"词条，共得到1000多万个搜索结果。（《2014丝绸之路经济带行动之年》，《人民日报》2014-01-03）1000多万条的搜索结果是行动之年的"行"之效应。

行动的核心目标就是"行"发展经济之"动"。抓不住发展经济这个目标的"动"就是盲动、就是乱动。专家们讲，习主席提出"丝绸之路经济带"这个重大构想的根本目标就是要将我国中西部打通欧洲经济圈、亚太经济圈，带动沿线国家的经济发展，带动中西部的发展，我们古关、古州的经济要汇入、融入

欧洲、亚太这两个经济大圈，唯一的做法就是先汇入"西咸新区经济圈""宁保经济区经济圈"。如何融入国内西部这两个经济圈，我们认为一是踏上"长安号"这趟国际班列，一是进入"中国—阿拉伯国家博览会"这个平台，以班列的载货要求，平台提供的合作伙伴和商机，选择古关、古州的特产、文化产品，然后政府组织，培植产业批量生产。

行动之年中的"先行"在哪里？要从"丝绸之路经济带"中的"带"字上找。专家们讲："丝绸之路经济带"就是一个广大的合作带，宽阔的发展带，生机勃勃的繁荣带。在"丝绸之路经济带"中的相关国家和地区，要形成你中有我，我中有你，利益交融、合作共赢的综合立体空间。代县在"带"中要放开眼界，打开心扉，寻找可以共赢的合作伙伴，找出可以增强代县经济发展活力动力的龙头项目，培植几项龙头产业，随着"西进"的广度和深度，把龙头项目、支柱产业先做起来，再做大做强。行动起来，古州、古关向着"中国—阿拉伯国家博览会"这个平台，向着西安长安号这趟国际班列进发。

关于依托雁门历史文化品牌
加快丝绸之路经济带建设的建议

梁跃飞　蔚丽平

古代丝绸之路是中国连接东西方文明，进行经济、文化交流的重要通道。如今，丝绸之路被赋予了新的时代意义，一条古老的丝绸之路正在被重新发现，一条新的代表着文化交流、经济繁荣的新的丝绸之路正在建立。

根据国家丝绸之路经济带建设的总体思路，丝绸之路经济带建设以综合交通通道为展开空间，依托沿线交通基础设施和中心城市，对域内贸易和生产要素进行优化配置，促进区域经济一体化，最终实现区域经济和社会同步发展。推进贸易投资便利化、深化经济技术合作、建立自由贸易区是新丝绸之路经济带建设的三部曲。"丝绸之路经济带"的提出，标志着我国进入了一个蕴含着不断创业、进取、开拓、创新经济的新时代，具有创造活力的文化精神和文化交流将构成"丝绸之路经济带"建设的一个基本特点。"丝绸之路经济带"的提出，其意义还在于可以开创内陆和沿海共同发展，更加平衡的新局面，使得国内中西部地区一跃而成为对外开放的前沿。填补中西部地区与东部地区经济发展不平衡的短板，成为国内"十二五"、"十三五"时期经济稳增长的一个强有力着力点；同时，还有利于我国区域经济实现产业升级。通过依托沿线交通基础设施和中心城市建设，以综合交通通道的开拓为发展空间，将域内贸易和各类生产要素重新进行优化配置，促进区域经济更新一体化，实现中西部区域经济、文化和社会的跨越式繁荣发展。

代县作为历史上政治、文化和商贸重镇，素有"丝绸之路""茶马古道""玉石之路"的美称。特别是古代州城、古雁门关在浩瀚的历史长河中，一直肩负着同现代"海关"几乎一样的责任，是人员流通、物资贸易和资金流通的重要节关。同时，代县是国家级历史文化名城，边塞贸易文化源远流长，雁门关处在古丝绸之路重要节点，我们应该依托雁门文化历史品牌，抓住全国丝绸之路经济带建设的契机，促进我县经济、社会、文化事业的同步发展。

具体建议如下：

（一）找准代县在"丝绸之路经济带"建设中的发展坐标

古雁门关和古代州，在古丝绸之路上也占有"节点"的重要位置，确认其位置可以激发雁门代州的自豪感、责任感、时代感。在"丝绸之路经济带"重大历史机遇面前，找准今天雁门关和代县的位置，就可以找出代县实现转型跨越发展的发展新思路、发展新抓手、发展新举措。

（二）明确代县是西玉东输的旱码头

古雁门关、古代州，早在3000多年前的商朝就是中原国家战略物资——西域玉料转输中原的旱码头。西边的是"玉门关"，东边的是"雁门关"。在汉代，古雁门关就相当于今日深圳的口岸，古代州就相当于今日的深圳。当然规模、经济总量远比不上今日的深圳。但代州是中原王朝和匈奴进行政治沟通、经贸物流、文化交流的桥头堡。在隋唐之际，古代州和雁门关更是一个开放的重镇，在代州常驻的西域胡商、粟特商人200户以上。到唐朝，世道太平，更加开放。专设宇文城，供胡商集体住。明朝雁门关和代州又是茶马古道上的一个重镇，其出关管理方法是在太原缴款领"引"（出关证），到代州和雁门关后勘验。

至清代，代州更是走西口的一个大口，与东口张家口齐名。

古代州、古雁门关在"丝绸之路"上的节点位置，可推出今天向西开放的坐标，这个位置就是向西、向南，靠近大平台，踏上国际航班、国际班列。

（三）让代县的经济文化搭上"长安号"国际快车

代县向南行700公里便可融入"西咸新区"和西安国际化大都市建设经济圈。西安和咸阳两座城市一体化建设，并成立"西咸新区"，这是构建西部金融中心、建设向西大开放桥头堡的需要，也是构建西—咸经济圈，贯彻"丝绸之路经济带"战略构想的一个重要举措。西咸新区有很多经验可供我们借鉴。

我们现在也在搞着新、旧两座城的保护和建设，根据西咸新区的经验，我们首先给其一个准确的定位，确定一个建设目标，代县的城市建设有一个最基本的制约，那就是中国历史文化名城这顶帽子，再具体一点是长城雁门段上的一个历史重镇，民族融合重点地段，"丝绸之路""茶马古道""玉石之路"上的一个重要关口。在这个鲜明个性鲜明特点的约束下，再确定新城的主体功能是什么，旧城的主体功能是什么。围绕两座城的主要功能，再考虑如何优化城市的空间布局，如何选用市政公共服务设施，如何选用铺设先进的可于国际接轨的电子网络，如何建设先进的电子商务办公平台。两座历史文化底蕴深厚、现代设施文明、既古老又现代的城镇矗立在雁门关下、长城边缘。梧桐树栽好了，商业的金凤凰就会飞来筑巢，那么代县的区域经济这股涓涓细流就汇入了"丝绸之路经济带"这股经济大流，汇入欧洲共同体经济圈，中亚经济圈，阿拉伯穆斯林地区经济圈。那时的古州代县，古关雁门，又像"玉石之路"那时显赫，秦汉时那样重要，隋唐之时那样繁盛，茶马古道时那样发达。

（该文系代县第十五次人民代表大会第四次会议人大代表议案　作者分别为：县人大常委会副主任和峪口乡党委书记）

丝绸之路经济带与古州雁门

附件：

关于人大代表建议办理情况的报告

代县人民政府：

代县第十五次人民代表大会第四次会议人大代表梁跃飞、蔚丽平等新提"关于依托雁门历史文化品牌加快丝绸之路经济带建设的建议"，经人大常委会交办以来，经过认真的调查了解，县发展和改革局就落实办理建议提出工作方案，经智利敏副县长审阅，内容如下：

一、提高认识，统一思想

根据国家丝绸之路经济带建设的总体思路，丝绸之路经济带建设以综合交通通道为展开空间，依托沿线交通基础设施和中心城市，对域内贸易和生产要素进行优化配置，促进区域经济一体化，最终实现区域经济和社会同步发展。推进贸易投资便利化、深化经济技术合作、建立自由贸易区是新丝绸之路经济带建设的三部曲。代县作为国家级历史文化名城，边塞贸易文化源远流长，雁门关处在古丝绸之路重要节点，依托雁门文化历史品牌，抓住全国丝绸之路经济带建设契机，促进我县经济、社会、文化事业的同步发展。

二、强化领导、建立机制

县政府成立由分管经济工作的副县长为组长，发改、经贸、

丝绸之路经济带与古州雁门

农委、文化、旅游和有关乡镇及有资历有专长的相关人士为成员的丝绸之路经济带建设领导组，根据地方实际情况和部门主管业务各负其责，利用各种有效信息渠道做好与周边相关中心城市的各项对接工作。

三、立足长远，提高标准

由于此项工作具有长期性和可持续性，做好近期工作的同时，谋划长久战略部署，建议将此项工作列入《代县国民经济和社会发展第十三个五年（2016—2021）规划》当中。

代县发展和改革局

2014年6月

丝绸之路经济带与古州雁门

抢抓历史机遇，把代县融入"丝绸之路经济带"

刘菊平

2013年9月习近平主席出访中亚四国时提出共同建设"丝绸之路经济带"的战略构想，得到了"丝绸之路"沿途相关国家的积极回应。国内"丝绸之路"的沿途省、区和相关市、县，纷纷举办高层文化峰会、经贸洽谈会进行顶层设计，山西省也不例外，正在筹划之中。

代州作为历史上政治、文化和商贸重镇，素有"丝绸之路""茶马古道""玉石之路"的美称。特别是古代州城、古雁门关在浩瀚的历史长河中，一直肩负着同现代"海关"几乎一样的责任，是人员流通、物资贸易和资金流通的重要关节。当前，正值国家酝酿筹备"丝绸之路经济带"之际，我县应不失时机抢抓历史机遇，把代县融入"丝绸之路经济带"。

具体建议如下：

（一）确认代县是"丝绸之路经济带"的重要关节点位置

1.确认古代州、古雁门关在"丝绸之路"上的历史地位。通过举办研讨会等形式，用历史资料、历史物证证明古代州、古雁门关和中国古"丝绸之路"的关系及地位。主要有"走西口"通道，"茶马古道""古物资集散地"可以为证。

2.充分展示代县历史文化名城的魅力，确认在建设"丝绸之路经济带"我县不可或缺的作用。通过展示代县悠久的历史、灿烂的文化、发达的交通、蓬勃发展的经济和优良的创业条件，说明代县具有进入"丝绸之路经济带"主要节点的优质条件。

（二）充分认识进入"丝绸之路经济带"的重要意义

1."丝绸之路经济带"具有庞大市场空间。其核心区域包括上海合作组织6个成员国、5个观察员国和欧亚经济共同体国家，总人口近30亿。市场空间庞大，大约占全世界人口的一半。

2.代县经济、文化的触角可以得到充分的延伸。可以踏上"中国—阿拉伯"国家博览会这个国家级的国际平台；可以踏上西安和咸阳两座城市一体化建设"西咸新区"的快车，融入未来西部金融中心——西安，等等，触角可以延伸向中亚、海湾国家。这样我们发展起来就有了广阔的舞台，操作起来就有了更大的平台，合作机遇、合作伙伴、项目选择更多，当然商机将是无限的。

（三）站在更高的水准上看待和布局代县各项事业的发展

如果我县能够搭上"丝绸之路经济带"发展快车，那么我们的发展将融入国家发展战略，可以直接和国际经济文化发展对接。代县发展的定位将会大幅提升。

1.文化资源开发利用空间大幅提升。众多的文物资源可以开发为旅游产品，传统技艺可以发展为优势传统产业，文学艺术作品可以转化为文化产业等。

2.地质资源优势将尽快升级，多样化产业格局尽快形成。

3.融资平台提高，渠道更加宽泛。

4.商业服务和贸易质量提高和额度加大。

第二编：丝绸之路经济带与古州雁门

丝绸古道上的西陉雁门考

李书吉

一、《冀州图》中的草原道

《太平寰宇记》引《冀州图》云：

> 引入塞三道，自周、秦、汉、魏以来，前后出师北伐唯有三道：其中道正北发太原，经雁门、马邑、云中，出五原塞，直向龙城，即匈奴单于十月大会祭天之所也。一道东北发，向中山，经北平、渔阳，向白檀、辽西，历平冈，出卢龙塞，直向匈奴左地，即左贤王所理之处。一道西北发，自陇西，经武威、张掖、酒泉、敦煌，历伊吾塞，直向匈奴右地，即右贤王所理之处。[①]

《隋书·经籍志》载有《冀州图经》一卷，出自何朝不明。书中称"中道正北"，正北，是冀州图所标方位，谓"正北曰并州"，是以周之洛邑为坐标。按前述，三道之东北一道是通向匈奴左贤王驻地的道路，出卢龙塞，是经过今河北迁西县东出的路线，是战国以来南北交通的要道。[②]西北陇西一线，要经武威、张掖等四郡，这四郡是汉武帝开通的通向西北的道路。其伊吾塞

[①]《太平寰宇记》卷四十九，河东道十。

[②]见景爱：《长城》，学苑出版社，2008年9月，第47页。

自东汉才开通，最先称"伊吾卢"。而中道，直达匈奴单于庭。所经五原即含包头、龙城，指匈奴单于祭天之处，在今蒙古境内鄂尔浑河西侧之硕柴达木湖附近。中道既为直通单于庭之路，所以，也可由单于庭分别通往左右贤王居所。同时，西北一道起点是陇西，由中原而往必须有别的道路对接，而三道之中对接最为便利的是中道，中道可直接从五原西出。也可自五原到卢龙塞。所以，中道是东向、北向西出的交通干线。

《太平寰宇记》引《入塞图》称：

从晋阳西北行百八十里至新兴，又西行二百五十里至马邑，又东北行二百五十里至平城，又直东二百二十里至高柳城，又东行一百八十里至代郡城，又东北行一百七十里至大宁城，当涿郡怀戎县北三百里也。从大宁西北行百里至怀荒镇，又北行七百里至榆关，又北行二百里至松林，又北行千里方至瀚海。[1]

这条线即从新兴（山西忻县）、过雁门关至马邑（山西朔县）、平城（山西大同）、至高柳（山西阳高）、至代郡（河北蔚县）、至大宁（内蒙古宁城）、至怀荒镇（河北张北）、至榆关（河北秦皇岛山海关）、松林（当为松岭，在辽宁义县）、再至瀚海（桓亘北陲，有说专指由阿尔泰山到贝加尔湖之间的草原地带）。

《入塞图》称，还有一条路：

又一道从平城西北行五百里至云中，又西北五十里至五原，又西北行二百五十里至沃野镇，又西北行二百五十里至高阙，又西北行二百五十里至郎君戍，又直北三千里至燕然山，又北行千里至瀚海，自晋阳至瀚海有此路。[2]

---

[1] 《太平寰宇记》卷四十九，河东道十。
[2] 《太平寰宇记》卷四十九，河东道十。

这条线即从云中（内蒙古托克托）至五原（内蒙古包头市）。至沃野镇（内蒙古五原东北），至高阙（内蒙古阴山一带）[①]，至郎君戍（此地不详，应在内蒙古境内），至燕然山（今蒙古人民共和国境内之杭爱山）再至瀚海。

上述两个《入塞图》可给我们如下启示：

其一，《入塞图》所示两线，无论从晋阳或平城出发，其络点都达瀚海，两线都是草原道。

其二，出晋阳之路，如前《冀州图》所示，要经过五原，而《入塞图》中，出平城之一线要经过五原，所以出晋阳出平城在到达五原后，皆可利用《入塞图》的两线到达瀚海。

其三，出晋阳一线由新兴到马邑，必须越过今雁门关，而出平城一线，要到中原也须经过雁门关。所以雁门关是草原路上的重要纽结。

二、穆天子征程中的㲦、隃二隥

由晋阳至瀚海的这条道路开辟于何时？目前我们还无法作出准确的判断。但这条路线是否靠实，却有史可作验证。我国文献最早的记载是周穆王西征。所记约为公元前九世纪之事。穆王西征在汉以前的史籍中有不同程度的述及。西晋太康年间汲县战国魏王墓中出土的《穆天子传》，共六卷，详细记载了其征程及路线。《穆天子传》自发现以来，由于对其所经之地和书中所述及之民族无法作出明确的解释，或学者各持一端，互为抵牾，故对全书多持怀疑。尤其是书中许多地名、人名多出自游牧民族，而对这些民族的文化、习俗所知甚少，所以在地名、人名的释读上

[①] 谭其骧、史念海等认为在赵武灵王长城上的高阙，系阴山山脉西端狼山上一阙口。据辛德勇新近研究认为：高阙有两处，狼山上为一阙口，为赵武灵王所筑；秦始皇时移至阳山南麓。笔者认为此处指应为赵武灵王时的狼山上阙口。参见辛德勇《秦汉政区与边界地理研究》，中华书局2009年。

歧义尤多。近十数年来，由于考古学研究有了突破性进展，中西交通史的研究不断趋向深入，学术界在对过去一些有疑问的问题探讨上契合点越来越多。因而，对《穆天子传》的认识发生了根本性转变，此不赘述。这里笔者拟将同穆天子西征路线相关部分引述如下，并加以分析。

《穆天子传》卷一，载西征出发及征程。

饮天子蠲山之上。戊寅，天子北征，乃绝漳水。庚辰，至于□。觞天子于盘石之上，天子乃奏广乐。载立不舍，至于钘山之下。癸未，雨雪，天子猎于钘山之西阿。于是得绝钘山之队，北循虖沱之阳。乙酉，天子北升于□，天子北征于犬戎，犬戎□胡觞天子于当水之阳，天子乃乐，□赐七萃之士战。庚寅，北风雨雪。天子以寒之故，命王属休。甲午，天子西征，乃绝隃之关隥。己亥，至于焉居、禺知之平……甲辰，天子猎于渗泽，于是得白狐玄貉焉，以祭于河宗。……戊寅，天子西征，骛行至于阳纡之山，河伯无夷之所都居，是惟河宗氏。河宗伯夭逆天子燕然之山，……癸丑，天子大朝于燕□之山，河水之阿……己未，天子大朝于黄之山。……乙丑，天子西济于河。□爰有温谷乐都……[1]

蠲山，在今山西高平。[2]绝漳处当在今山西长治境内。盘石，今山西平定东南，一名石门关。[3]钘山，今河北井陉附近。[4]虖沱即滹沱河，虖沱之阳当指河北平山附近。隃之关隥，西俞，雁门山也。[5]焉居、禺知，在今河套东北。[6]䎽人封地，今内蒙古

[1] （晋）张华等撰：《博物志》（外七种）《穆天子传》，上海古籍出版社，2012年8月，第49-51页。
[2] 顾实：《穆天子传西征讲疏》，上海三联书店，2014年3月，第2页。
[3] 刘纬毅：《山西地名词典》，山西古籍出版社，2004年2月，第231页。
[4]《穆天子传》，（晋）郭璞注，在常山石邑，石邑在河北井陉关附近。见《博物志》（外七种）第49页。
[5]《尔雅·释地》称："北陵西俞"，《说文解字》云："隃，北陵西俞，雁门是也。"另见《穆天子传》，见《博物志》（外七种）第49页。
[6] 王贻梁：《穆天子传汇校集释》，华东师范大学出版社，1994年，第22-23页。

黑城至托克托之间。[1]渗泽，今内蒙古河套地区一带。[2]阳纡之山，内蒙古阴山。[3]燕然之山，阴山之属山。[4]黄之山，阴山山脉某山，或谓高阙山。[5]西济于河，此河当在今河套西端之乌加河与黄河之间。[6]

上所述：周穆王在蠲山（高平）宴饮后北征。至盘石山又为天子进酒奏乐，尔后猎于钘山（井陉山）之西坡，接着循虖沱河之阳达犬戎之境，犬戎款待天子于当水之阳，此后绝隃之关隥（雁门关），到了剟人封地漆泽（河套地区），又至阳纡之山（阴山），河宗伯见天子于燕然山（阴山山脉之一山），天子朝于黄之山（阴山山脉之一山），西济于黄河。

《穆天子传》卷二，述西征历程：

□柏夭曰：□封膜昼于河水之阳，以为殷人主。……丁巳，天子西南升□之所主居……戊午，□之人居虑，献酒百□于天子。天子已饮而行，遂宿于昆仑之阿，赤水之阳。爰有鹒鸟之山，天子三日舍于鹒鸟之山。□吉日辛酉，天子升于昆仑之丘，以观黄帝之宫。……甲子，天子北征，舍于珠泽，以钓于渂水。……季夏丁卯，天子北升于舂山之上，以望四野。……壬午，天子北征，东还。……甲申，至于黑水〔水亦出昆仑山西北隅而东南流〕，西膜之所谓鸿鹭。……辛丑，至于剞闾氏。……壬寅，天子登于铁山，……丙辰，至于苦山，西膜之所谓茂

① 王贻梁：《穆天子传汇校集释》，华东师范大学出版社，1994年，第24-25页。
② 靳生禾：《〈穆天子传〉若干地理问题考辨——兼评岑仲勉〈穆天子传〉西征地理概测》，《北京师范大学学报》，1985年第4期，第69-77页，86页。
③ 顾实：《穆天子传西征讲疏》，上海三联书店，2014年3月，第22-24页。
④ 顾实：《穆天子传西征讲疏》，上海三联书店，2014年3月，第27-28页。
⑤ 顾实：《穆天子传西征讲疏》，上海三联书店，2014年3月，第34-36页。
⑥ 王贻梁：《穆天子传汇校集释》，华东师范大学出版社，1994年，第65-67页。

苑。……癸亥，至于西王母之邦。[1]

膜昼，应为珠余氏，珠余氏当在张掖河流域。□之人所居，山在自襄山赴昆仑山途中。或即阿尔洪山。昆仑，阿尔泰山东端。赤水，当即博东齐河。鹊鸟之山，当为昆仑山东端某山。珠泽，当即哈腊乌斯湖。浑水，或即伊格尔河。黑水，当即科布多河，今俄罗斯境内。铁山，在友谊峰。苦山，在阿尔泰山西端某山。黄鼠之山，在阿尔泰山西端某山。西王母之邦，当在斋桑泊附近，今哈萨克斯坦境内。[2]

上述行程，由张掖河流域进入昆仑山（阿尔泰山），东端又至科布多河，转行至昆仑山西端，到了西王母邦（斋桑泊）。

《穆天子传》卷四记西征东还：

庚辰，至于滔水。浊繇氏之所食。辛巳，天子东征。癸未，至于苏谷。骨飦氏之所衣被，乃遂南征东还。……庚寅，至于重鼮氏黑水之阿。……乙丑，天子东征，送天子至于长沙之山。……己巳，至于文山，西膜之所谓□，觞天子于文山。……天子乃遂东南翔行，驰驱千里，至于巨蒐氏。……已至于□□，河之水北阿。……癸丑，天子东征。柏天送天子至于鄸人。鄸伯絮觞天子于澡泽之上，觌多之汭，河水之所南还。……天子南还，升于长松之隥。孟冬壬戌，天子至于雷首，犬戎胡觞天子于雷首之阿，乃献食马四六。……癸亥，天子南征，升于髭之隥。丙寅，天子至于钘山之队，东升于三道之隥，乃宿于二边。……癸酉，天子命驾八骏之乘，赤骥之驷，造父为御，南征翔行，迳绝翟道，升于太行，南济于河。驰驱千里，遂入于宗周。[3]

[1]（晋）张华等撰：《博物志》（外七种）《穆天子传》，上海古籍出版社，2012年8月，第52—55页。
[2] 余太山：《早期丝绸之路文献研究》，商务印书馆，2013年5月，第19—21页。
[3]（晋）张华等撰：《博物志》（外七种）《穆天子传》，上海古籍出版社，2012年8月，第58—59页。

滔水，浊繇氏所居，或即伊吾河。骨飦氏所居苏谷，或即星星峡，在新疆哈密东部和甘肃省安西县境。重氏黑水，有别于二卷所见黑水，或即疏勒河。长沙之山，或即合黎山，在今甘肃省西部和内蒙古自治区西部边境。文山，或龙首山，与合黎山合称走廊北山。巨蒐氏居地，应在阴山一带。□□，今狼山东北。皇天子之山，应即燕然之山。[1]斳多之汭，在今包头至托克托一带。[2]长松之隥，今山西右玉一带。[3]雷首山，在今山西代县西北八十里处。[4]髡之隥，即山西境内勾注山。三道之隥二边，均在山西井陉东侧。[5]宗周，周都洛邑，河南洛阳附近。[6]

上叙，穆天子东还经伊吾河至星星峡，又东至疏勒河、合黎山。由此经阴山，又经狼山、燕然之山、至包头、托克托，而后经累头山，越勾注山入塞，经河北井陉，东返周都洛邑。

由上所述，有以下启示：

其一，周穆王是西周第五位天子，史载穆王即位，春秋已五十，立五十五年，实际在位四十年。[7]即公元前1023年至公元前983年。[8]周穆王在位期间征伐犬戎之事，正史确有记载。[9]《穆天子传》西征所到至少是在西周纪年（即公元前1100年至公元前771年）之内的背景。周穆王这次西征的征程是迄今为止文献记载中最为明确的西出交通线。

[1]余太山：《早期丝绸之路文献研究》，商务印书馆，2013年5月，第23-24页。

[2]王贻梁：《穆天子传汇校集释》，华东师范大学出版社，1994年，第224-225页。

[3]顾实：《穆天子传西征讲疏》，上海三联书店，2014年3月，第228-229页。

[4]见《水经注疏》卷13，《㶟水注》，江苏古籍出版社，1989年6月，第1125页-1127页。

[5]顾实：《穆天子传西征讲疏》，上海三联书店，2014年3月，第232-234页。

[6]见《左传》宣王五十五年。

[7]《史记》卷3《周本纪》。

[8]方诗铭、方小芬编著：《中国史历日和中西历日对照表》，上海辞书出版社，1987年12月，第821-983页。

[9]《史记》卷3《周本纪》。

其二，这条线所经之处，绝大部分是草原地带。即由勾注出塞，先至内蒙古鄂尔多斯草原、阴山以北的蒙古草原，再到俄罗斯草原、哈萨克斯坦草原，其终点为中、俄、哈接境处的阿尔泰山和斋桑泊所属区域。上文引《穆天子传》里三卷有关西征路线的内容。卷一内容是出征的路线，即出井陉，至滹沱河，越雁门关，出塞至河套地区，过阴山，至张掖；卷二内容是由张掖至科布多河，到达阿尔泰山，又西至斋桑泊；卷四内容为东还穿越准噶尔盆地，过伊吾河、星星峡，又至疏勒河，至阴山、狼山至罗头山，越勾注，返洛邑。从出发到返程构成一个通道，也即其后描述的草原路，对照穆天子所经地点，则同前面谈的《冀州图》《入塞图》所标识的路线大致是相同的。其道路即从晋阳或雁门关至瀚海。

其三，《穆天子传》提到两逾勾注山，这说明，勾注塞是最早，也是草原古道上难以绕行的古塞口。同时，西出时"乃绝隃之关隥"，东归入塞为"升于髭之隥"，应当说所指不是一个塞口，是否我们今天的东西陉同此塞口有关系？考实很难，但可作为一个问题思考。

其四，《穆天子传》卷四，记载了西征的具体里程。这几段路程即从洛邑到阴山三千四百里，自阴山至于西夏氏即河西地二千五百里，自西夏至珠余氏即张掖一带为千五百里。自河首（张掖河）襄山（杭爱山）至昆仑之丘（阿尔泰山东麓）七百里，自春山，三百里，东北至于群玉之山，至于西王母邦三千里。自西王母邦北至大旷原千九百里，洛邑至大旷原万四千里。归程东南至于阴山七千里，还于周三千里。往返加起来三万五千里。①单程则为一万二千五百里。这个路程同《冀州图》、《入塞图》所示里程有出入，但出入不大。两周所示应是直线距离，而穆天子西征中间有活动，并非行直路。

三、西俞、雁门考

《穆天子传》里所述"绝隃之关隥"下郭璞称："疑北谓北陵西隃，西隃，雁门山也，音俞。"这个认识应源于《尔雅》。《尔雅·释地》称："北陵、西俞，雁门是也。"《说文》又云："阮，代郡五阮关也。"又金文有《不敦铭》云："唯九月初吉戊申，白氏曰：'验方严允，广伐西俞，王命我羞追于西'。"由此解释出发，王国维对西俞为雁门说提出质疑，且全面否定。他说：

西俞，谓宗周以西山地。《尔雅·释地》称："北陵西俞，雁门是也。"郭注："即雁门山也，"《穆天子传》："天子西征，内绝隃之关隥。"郭注："俞，雁门山也。"以穆传所纪地望准之郭说，颇合者。然《说文》所引固已然矣。余意《说文》阜部"隃"、"阮"诸字，皆古代山阜之通名。隃者，踰也。凡山地之须踰越而过者，皆可谓之"隃"，亦谓之"阮"。《吕氏春秋·古乐篇》："伶伦自大夏之西，乃至阮隃之阴。"阮隃，《汉书·律历志》作"昆仑"，《说苑修文篇》、《风俗通·音声篇》、《左传成九年》正义皆作"昆仑"。徐锴本《说文》"阮"字注下有"读若昆"三字，是昆仑亦名"阮隃"。又在大夏之西，则阮隃非雁门也。《史记·赵世家》："秦反厘分，先俞于赵。"《集解》引《尔雅》"西俞"释文，《正义》亦云：

---

① 《博物志》（外七种），第60页。

"西，先声相近。"然此时，秦赵之界不能东至雁门，则先俞非雁门也。秦九原之地，古称"榆中"。（见《史记》秦始皇及项羽本纪，《赵世家》服虔、徐广以汉金城郡之榆中县当之，误甚）榆亦隃字假借，其地在秦为九原郡，在汉为五原郡，而《广韵》作"五阮郡"，则"原"又"阮"字之假借。《说文》"阮"字下云："代郡，五阮关《汉志》作'五原关'也。"则代郡又有五阮。又《淮南·地形训》："九塞之中有荆阮。"高注："荆阮在楚。"则古时凡山地之当道路者皆名之曰隃、曰阮，实公名而非专名，故西北地名之以"俞"若"榆"名着，不可胜计。泉曰"俞泉"（《竹书纪年》《后汉书·西羌传》引）。次曰"榆次"，（《史记·刺客列传》）溪曰"榆溪"，（《史记·卫青霍去病传》）山曰"榆山"（《水经·漆水篇》），谷曰"榆谷"（《后汉书·西羌传》及《水经注·河水篇》实皆以山地得名）。古文"隃"字只借"俞"字为之，《说文》"俞"、"逾"、"踰"三字，皆后起之字。许君以"隃"为"西俞"，"阮"为五阮关之专名，其义转隘。又"俞"、"榆"同音，故古代亦借用"榆"字。汉人乃有"树榆为塞"之说，《汉书·韩安国传》。又不免望文之过矣。此西俞者，在丰镐之西，故云："王命盖追于西"与《尔雅》之"西隃"、《赵世家》西俞皆不相涉。以地望与字义求之，远则抵陇坻，近则《水经》扶风杜阳县之俞山，皆足当之。盖严允本国在陇坻之西，又环宗周畿内而北。此又《严允考》所既评矣。[1]

---

[1] 王国维：《观堂古金文考释·不其 敦盖铭考释》，《王国维全集》第十一卷，浙江教育出版社，2010年9月，第317—319页。

王先生对"隃"、"榆"、"俞"从音义、字义、假借等方面作了全面的解释。王先生称，"凡山地可踰越而过者，皆可谓之隃"，"凡山地之当道路者皆可名之曰隃"。那么，将雁门山称为西俞，没有什么不可。先生说"榆"实公名非实名，又为何能"其地在秦为九原郡，在汉为五原郡"呢？先生也说："以穆传所纪地望推之郭说，颇合者。"则似不可采信，而以陇坻、抉风之地望和字义确定之"俞山"则"皆足当之"。理由又是什么？看来仅凭字义解释是很难说清这个问题的，而《尔雅》《说文》的结论也并非是仅从字义上得来的。其实"俞"字附带有很深的历史渊源。

《逸周书·王会解》云："北唐戎以闾，闾以隃冠。"《集注》引何秋涛语称："按《左传·定四年》子鱼曰：'命以《唐诰》而封于夏虚，启以夏政，疆以戎索。'是唐之封本在戎境。叔虞既因故国为唐侯，其北之戎国亦自名为北唐。……盖之戎地在唐国之北，故命曰'北唐'尔。今山西府所属之太原县治，在府西南四十里，即古唐国。北唐当在其北，与楼烦相结矣。"

关于"闾"，《山海经·北山经》郭注云："闾即羭也，似驴而歧蹄，角如羚羊，一名山驴。"《逸周书·王会解》集注："闾，闾麋也，如解豸然，故曰似隃冠。"集注又云："北唐地出良马，所谓冀之北土，马所生者也。成王时贡闾者，闾亦马属焉。"

上说周成王时召四方八维之国，而来朝会者都有贡献。北唐则贡之以"羭"或称"闾"，这是一种似驴似马的动物。北唐在如此隆盛的大会上将"羭"贡之于周天子，可知"羭"在北唐是一种珍贵动物。北唐将其视为"神兽"。这里将"羭"称为"隃冠"，那"鹼"同"隃"是可通用的。因为按先生上面所言则"榆"字皆可通用。那么，北唐之地或北唐之山是否以"鹼"或"隃"或"俞"来冠名。这是可能的，如果此说成立，那么，这里的俞山之称呼虽不敢说是最早的，至少是周代就已出现的。

其二，王先生又引《吕氏春秋·吕乐篇》"伶伦自大夏之西，乃至阮隃之阴"，先生称"是昆仑亦名'阮隃'。又在大夏之西，则'阮隃'非雁门也。"

那么，大夏在何处？这里举两条涉及到大夏的史料，《管子·封禅》云：

桓公曰："寡人北讨山戎，过孤竹；西伐大夏，涉流沙；束马悬车上卑耳之山；南伐至召陵，登熊耳山，以望江汉。"

《史记·齐太公世家》亦载此事云：

于是桓公称曰："寡人南伐至召陵，望熊山。北伐山戎、离枝、孤竹。西伐大夏，涉流沙。束马悬车登太行，至卑耳山而还。"

《正义》曰："大夏，并州晋阳是也。"

关于大夏，还有一条大家熟知的记载：

昔高辛氏有二子，伯曰阏伯，季曰实沈，居于旷林，不相能也。日寻干戈，以相征讨。……迁实沈于大夏，主参，唐人是因，以服事夏商，其季世曰唐叔虞。

杨伯峻注云："据杜（预）注，大夏即今太原市。服虔以为大夏在汾、浍之间，则当今山西翼城、隰县、吉县之区。"又《史记·吴太伯世家》："乃封周章弟虞仲于周之北故夏虚，是为虞仲，列为诸侯。"《集解》引徐广之说，认为该地在"河东大阳县"，汉河东大阳县在今山西平陆县。赵瑞民在《华夏文明研究》书中提出一个认识，将大夏在山西划定一个范围，即"北到太原，南到平陆"①。笔者认为这认识符合实际。邹衡先生从考古学角度提出，"夏王朝在山西境内直接控制的地似乎仅限于晋西南的汾水下游和涑水流域"，"而其影响所及，或可到晋北，甚至内蒙古"。

其实，关于大夏应包括四个层次的概念，即夏的起源地；夏王朝所在地、夏墟、大夏的迁徙地。这四个层次在史籍中是很难判分的。相对而言，关于大夏的迁徙，稍为容易些，但有些也混杂在三个层次中。

《逸周书·王会解》云：

正北空同、大夏、莎车、姑他、且略、貌胡、戎翟、匈奴、楼烦、月氏、孅犁、其龙、东胡。

空同，《集注》称："当在今蒙古地。"大夏，也在代北，后西迁。莎车，在大夏西。姑他，虖沱，一言之转。且略，古代国。貌胡，拟为貊国，在古代国。戎翟，应为代翟，古代国。匈奴，周曰猃狁，古代国活动过。楼烦，在晋北。月氏，先在代北，后西迁。孅犁，《汉书·西域志》有蒲犁、渠犁国，未知族属，先在代北，后西迁。东胡，鲜卑、乌桓所属。

大夏族迁徙的迹象较为明显。按《王会解》，至少在代北停留过，是否是夏族的发源地，已难详考。但大夏迁到张掖，又迁到楚河、伊犁，又迁至中亚巴克特里亚，史籍是有记载的。这些地方都有他的踪迹。至于大夏同昆仑的关系，显然大夏同今天的

①杨国勇主编《华夏文明研究》，赵瑞民撰第二章《夏代与山西》，中国社会科学出版社，2002年3月，第111—113页。

昆仑山没有什么关系。仔细思考，昆仑之概念也逐渐在西迁。中国史籍上称"昆仑"或"昆仑山"的很多，绝不在一处。昆仑之概念是否随大夏之西迁而西迁，或是否就源于大夏所在之正北，不能判断。而王国维先生提到"阮隃"即"昆仑"，抑或就在今天的晋北，也不是没有可能，否则，为什么《尔雅》说北陵，西俞就是雁门，而《说文》又为什么说五阮关就在代北？

其三，《史记·赵世家》所云："秦反墬分，先俞于赵。"王先生称："此时秦赵之界不得东至雁门，则先俞非雁门也。"其时秦赵之东界确未到雁门，但反"先俞于赵"，此语究竟作何解呢？笔者也想就此作些探讨。《史记》所载之事，实源于《战国策》。《战国策·赵收天下且以伐齐》云：

赵收天下，且以伐齐。苏秦为齐上书说赵王曰："……五国之兵有日矣，韩乃西师以禁秦国，使秦发令素服而听，反温、枳、高平于魏，反三公、什清于赵，此王之明知也。"

《史记·赵世家》云：

十六年，秦复与赵数击齐，齐人患之。苏厉为齐遗赵王书曰：……燕秦之约成而兵出有日矣。五国三分王之地，齐倍五国之约而殉王之患，西兵以禁强秦，秦废帝请服，反高平、根柔于魏，反墬分、先俞于赵。齐之事王，宜为上佼，而今乃抵辠，臣恐天下后事王者之不敢自必也。

两书所载，有几处明显的不同处。其一，《战国策》谓苏秦遗书，而《史记》则称遗书者为苏厉。据《战国策年表》所载，遗书时间是在赵惠文王十六年，即齐襄王元年（公元前283年）。其时苏秦已故去，故作遗书者应为苏厉；其二，《策》、

《史》都称苏秦（厉）为齐遣赵王书，但《策》称联韩抗秦。而《史》却称齐乃"西兵以禁强秦"；其三，《策》称"反温、枳、高平于魏，反三公、什清于赵"，而《史》却称"反高平、根柔于魏，反巠分、先俞于赵"。

其实，为两书作注的学者早已看出这些问题，对书中所涉史事提出诸多质疑，以为其记载"多所舛误"。根据记载看赵国自赵武灵王开疆辟土，他所奠定的版图，是赵国史上最大的。到了赵惠文王时，虽然其文功武略逊于其父，但查史实，在赵惠文王五十六年前，在各国兼并战争中，仍处于攻势，并未有丧城失地之事，何来反巠分、先俞之事。此处"反"作"返"，既无失去，何来返还之事。那么，这个记载究竟作何解释呢？笔者有如下想法。

其一，如上所述，策书两记载中的遣书者，遣书所涉对象以及遣书内容如此抵牾，故而不应把它作为确凿的史实来看待。

其二，既为策书，所反映的均为策谋者自己提出的假设、判断或推理，并非全为已发生的事，或者可以说，其事就根本没有发生。如本策在所举此段文字前所言：

秦之上郡近挺关，至于榆中者千五百里，秦以三郡攻王之上党，羊肠之西，勾注之南，非王有已。逾勾注，斩常山而守之，三百里而通于燕，代马胡犬不东下，昆山之玉不出，此三宝者亦非王有也。

上可知："秦以三郡攻王之上党，羊肠之西"这个事并没有发生，至于其后所发生的秦赵长平之战则是二十三年以后的事。"逾勾注，斩常山而守之，三百里而通于燕"此事也没有发生。

而上举策书所说"五国三分王之地，齐倍五国之约而殉王之患，西兵以禁强秦，秦废帝请服"这些事也没有发生。

所以，上述策书中的内容，都为计策，并非实事。故而"反垩分、先俞于赵"之事也是预测。然而如果我们将前后语义对照看，虽然所涉事宜是计策，并非实际发生的事，但所提及的地名确是实际存在的。如前语说失去"勾注"，后面又说返还"先俞"，这里明白，即说"先俞"就是"勾注"，或说"先俞"是"勾注"的另一种表述。

上述内容所说：自晋阳越西俞至瀚海自古是一条通道，这条通道是如何形成的呢？单以地理上地势险要，"飞雁出于其门"的特点来说明其原因是远远不够的。我国山河壮丽，境内有许多地方的地势，要比雁门关雄险得多，但众所周知，其地位无以比肩。笔者认为西俞、雁门关历史地位的形成，在于它自古以来特殊的历史环境，这个环境就是环其周围的众多的古老民族在此生存、繁衍、聚集。前述《逸周书·王会解》所载，正北有十三个民族居住，这十三个民族应当是周代游牧民族的总名单。这些民族全部居住于此，这是我们了解雁门关很关键的视点。雁门关关南、关北是一个明显的农牧分界线，在特殊的历史时期，它又是一个人为的屏障，居住在关北的民族，可以源源不断地迁往关南，加入农耕队伍。而更大一部分则很早以前就向北、向西移动。而最适宜他们移动的地方就是草原地带。这个地带既利于马上民族百姓，而肥美的草原又能不断地为这些民族的人畜补充养料。故而从西俞到瀚海或通向更远的地方，就逐渐形成一个民族的走廊，而这个走廊的形成有其历史的必然。同时，它也是构成中国多民族国家的重要元素。因此，雁门关有无可取代的历史地位和无与伦比的文化价值。

2014.9.8 于山西大学

（作者系山西大学历史文化学院教授、博导、原院长，中国魏晋南北朝史学会副会长，中华炎黄文化研究会理事，民盟山西省委员会副主委，山西省政协常委。）

佛教与代县

高　明

（一）

　　山西省代县是个神奇的地方。我走过许多地方，从山川人文的角度讲，没有几个地方可与代县媲美。尤其是佛教与代县结缘，可以说是源远流长，非同凡响。而佛教传入代县，就是通过古丝绸之路传过来的。2014年3月27日，习近平总书记在联合国教科文组织总部发表重要演讲，指出："佛教产生于印度，但传入中国后，经过长期演化，佛教与中国儒家文化和道教文化融合发展，最终形成了中国特色的佛教文化，给中国人的宗教信仰、哲学观念、文学艺术、礼仪习俗等留下了深刻影响。中国唐代玄奘西行取经，历尽磨难，体现的是中国人学习西域外来文化的坚韧精神。""中国人根据中华文化发展了佛教思想，形成了独特的佛教理论，而且使佛教从中国传播到了日本、韩国、东南亚等地。2000多年来，佛教、伊斯兰教、基督教等先后传入中国，中国音乐、绘画、文学等也不断吸纳外来文明的优长。"总书记的话高瞻远瞩，意味深长，特别是在我们提出要自觉践行社会主义核心价值观、实现中国梦的今天，如何把涉及国家、社会、公民的价值要求，与既体现社会主义的本质要求，又继承中华优秀传统文化，也吸收世界文明的有益成果，还体现时代精神，四个方

丝绸之路经济带与古州雁门

面融为一体，是一个大课题。这一课题的破解，实际上是高端开发、文化感悟、政治使命的统一，意义十分深远，需要各级领导干部高度重视、认真研究、积极探索。而探索并实践这一课题，代县有得天独厚的优势。

代县是国务院公布的第66个中国历史文化名城，是真正国家级文化名城。代县作为国家级的历史文化名城，是全局性的，可以说是真正的实至名归。我查过国家历史文化名城的有关资料，国家历史文化名城由中华人民共和国国务院确定及公布，是于1982年根据北京大学侯仁之、建设部郑孝燮和故宫博物院单士元提议而建立的一种文物保护机制。被列入名单的均为保存文物特别丰富、具有重大历史价值或者纪念意义、而且正在延续使用的城市。1982年经国务院批准的首批历史文化名城有24个，包括：北京、承德、大同、南京、苏州、扬州、杭州、绍兴、泉州、景德镇、曲阜、洛阳、开封、江陵、长沙、广州、桂林、成都、遵义、昆明、大理、拉萨、西安、延安。1986年经国务院批准的第二批历史文化名城有38个，包括：上海、天津、沈阳、武汉、南昌、重庆、保定、平遥、呼和浩特、镇江、常熟、徐州、淮安、宁波、歙县、寿县、亳州、福州、漳州、济南、安阳、南阳、商丘、襄樊、潮州、阆中、宜宾、自贡、镇远、丽江、日喀则、韩城、榆林、武威、张掖、敦煌、银川、喀什。1994年经国务院批准的第三批历史文化名城有37个：正定、邯郸、新绛、代县、祁县、哈尔滨、长春、集安、衢州、临海、长汀、赣州、青岛、聊城、邹城、临淄、郑州、浚县、随州、钟祥、岳阳、肇庆、佛山、梅州、海康、柳州、琼山、乐山、都江堰、泸州、建水、巍山、江孜、咸阳、汉中、天水、同仁。代县是1994年国务院第三批公布的历史文化名城，排序在第66位。但国务院在公布第一批24个，第二批38个后，在公布第三批37个历史文化名城时，只点了4个历史文化名城的名字，代县是点名的4个历史文化名城之一。实际上按代县在中国历史上的地位来讲，毫不逊色于第一、第二批历史文化名城，是名副其实的国家级历史文化名城。但历史就是这样，有人说历史是一面镜子，但历史有时也是一笔糊涂账，如此而已，何必太计较呢。但代县就是代县，深厚的文化只要挖掘，那是遍地黄金。

代县为什么被赋予中国历史文化名城？驻足在代县这片古老神奇的土地上，仰望这块山河大地，你心中的答案就会明朗。代县表里山河，县北雁门关就横亘东西、绵延200多公里，南北宽15～30多公里，高2000多米的崇山峻岭、霞飞云举之勾注山巅，可以说勾注山是历史上中原大地的天设屏障、天然北墙，由北方的大漠草原南下，或由中原大地、太原盆地、滹沱河盆地北上，必须翻越自古被称为"天设之险"的勾注山，舍此别无他途。在万山丛中一座座险峻陡绝的山峰山岭之间，自古天然形成的两条古道"东陉"、"西陉"，分别位于勾注山脉中段的雁门山，翻越勾注山，必须经过位于雁门山的雁门关，故雁门关形同锁钥，有一夫当关、万夫莫敌之势，自古被称为"根抵三关，咽喉全晋，势控中原"，"密弥京师"的要害之所，是中国历史上名副其实的北大门，其战略地位攸关国家命运，非同小可。从江山社稷、国家安全的角度讲，攻，可建功立业，开疆拓土；失，则会让敌方长驱直入，占领忻定盆地、太原盆地、上党盆地，以至逐鹿中原，成就王霸之业；守，则可国家安宁，天下太平。古代，"一山一关"关系天下安危，这在中国大地上，是很难找出这样的几个地方。但代县就是这么个重要的地方。秤砣虽小压千斤，代县就是中国的秤砣，在战争年代是撬动中国国运的杠杆，在和平年代是东西方贸易的途径。古往今来，任何一个王朝的政治家、军事家都明白这个道理。所以在代县"山"、"陉"、

"关"、"城"，无不赋予国家的含义、历史的厚重、文化的沉淀、地理的神奇、教化的辉煌。因为她从来都是国家级别的，历史上如此，将来也仍然如此。代县如此要紧，所以历史上在代县这块小小的地方，出过、住过、来过的名人也非同一般。其中有御驾亲征、巡视、过境的历代帝王，如周穆王、赵襄子、赵武灵王、汉高祖，北魏孝武帝、孝文帝，北齐宣文帝，唐高祖李渊、太宗李世民，大顺皇帝李自成，清太宗皇太极等，甚至还有被敌方俘虏的亡国之君宋钦宗、明英宗和因八国联军攻入北京而仓皇出逃的慈禧太后、光绪皇帝。有率兵打仗行军过关和镇守雁门关的名将，如战国时期赵国的名将李牧，秦汉的蒙恬、蒙骜、李广、卫青、霍去病、杜茂，魏晋的牵招、刘琨，隋代的韩洪、李景，唐代的李大恩、张公谨、李靖、薛仁贵、郭子仪，宋代的侯美、杨业、潘美、张齐贤、杨延朗、解晖，金元的宗翰、术赤、察合台、窝阔台，明代的徐达、常遇春、李文忠、石虎、孙安、周遇吉。有和亲的公主王昭君和出使北国的使节娄敬、沈括、包拯、滕茂实等，有朝觐入贡的南匈奴呼韩邪单于和鲜卑部落联盟太子拓跋沙漠汗，有名人文士如唐代李白、卢照邻、崔颢，宋代司马光、范仲淹，金代赵秉文、元好问、李俊民，明代方日乾、李濂、乔宇、谢榛、李贽、王世贞，清代顾炎武、阎尔梅、朱彝尊、屈大均、傅山。有到此访古游历的政要，如清代名相陈廷敬和重臣魏象枢。还有代县本籍涌现出的政治、军事、文化、宗教、商界名人，如唐朝末年的晋王李克用，明代宣府总兵官、镇朔将军杨洪，由蓟辽保定巡抚升任兵部尚书的张凤翼，由陕西总督升任兵部尚书的孙传庭，清代湖南巡抚冯光裕，经筵讲官、身兼礼吏两部左侍郎冯芝，元代大诗人萨都刺、清代文人冯如京、冯云骧、冯婉琳（女）、张友桐。魏晋南北朝时期的高僧慧远、昙鸾，著名商人有曹魏时期的莫含，明代的杨继美、冯忠，清代的王廷相等。这些巨星级的角色，任何一个在任何一个地方都是惊天动地、风云变色的人物，一个小小代县历史舞台，如此众多叱咤中国的历史人物，或运筹帷幄，决胜千里，或指点江山，激扬文字，或布教传道，名垂千古，怎能不使代县的历史长河气韵生动，风雷激荡，群星灿烂，光照古今呢。

（二）

在经常处于临战状态，多次经历战乱兵灾的代县却出现了另外一个神奇的现象。即代县的佛教文化非常发达。不仅发达，而且源远流长，对中华文明、亚洲文明、世界文明都具有重要意义。更为神奇的是佛教作为一种外来文化，与中国本土隔着世界屋脊喜马拉雅山脉，在古代交通和通信条件都不发达的情况下，本来它是无法穿越的，但它却穿越了。不仅穿越成功，而且在中国本土文化道教、儒学几乎已经把任何一个想象到的精神空间都填得严严实实的地方，快速传播普及，并生根、发芽、开花、结果，超过儒道文化，这不能不说是一个奇迹。

弄清这个问题就不能不先梳理清楚佛教传入代县的脉络。佛教究竟什么时间传入代县？先有必要说一下佛教什么时间传入中国。按照公认的说法，佛教传入中国的时间，是在西汉和东汉之间。五台山《清凉山志》（摩腾法兰传）记载："汉印度摩腾、法兰二菩萨，以天眼观震旦（中国）有情，有大乘根器者已熟。并观五台文殊所居，而圣教未至，知归者少。遂赍释迦文佛画像，并四十二章经，将东适震旦。" 这是史料记载佛教准备传入中国最早的殊胜因由。 摩腾（全称摄摩腾）出生于印度婆罗门的一个显赫门第，他云游四方，以宣扬教义为己任。古印度高僧法兰（全称竺法兰），自言诵经数万章，为印度学者之师，他曾与摄摩腾一起云游四方。 那么值得思考的一点是，摩腾、法兰通过天眼看到在中国传播佛法的时机已经成熟，并且准备将佛教首传中国，在此以前佛教是否已经对东方的中国做过调查研究，或者进行过非官方的文化交流传播？我认为，答案是肯定的。世界上任何事情的发展，都有一个渐进过程，佛教东传，是一个大事，任何重大行动开始之前，一定会有一个准备过程，这个准备过程，实际上也是个调查研究和了解的过程。也不知是巧合还是天意，或者是佛法广大，当时在位的汉明帝刘庄，58—75，于永平七年，即64年正月的一天，"夜梦金人，身有日光，飞行殿前，欣然悦之。明日，传问群臣，此为何神？"有个叫傅毅的大臣说："根据《周书异记》，西方有大圣人出，其没千载，教当及此。今陛下所梦，应该是西方的佛。"那么，《周书异记》是什么时代的书？它究竟记载了什么内容？据说《周书异记》是记载周昭王时代的书，现已不存，内容不详。但《周书异记》关于周昭王时代释尊诞生瑞相的事迹，却在唐代释法琳《破邪论》引《周书异记》佛出生的事迹中有记载。《周书异记》云："周昭王即位二十四年，甲寅岁四月八日，江河泉池，忽然泛涨，井水皆溢出。宫殿人舍，山川大地，咸悉震动。其夜五色光气，入贯太微星，遍于西方，尽作青红色。周昭王问太史苏由：'是何祥也？'由对曰：'有大圣人，生于西方，故现此瑞。'昭王曰：'于天下何如？'由曰：'即时无他，一千年外，声教被及此土。'昭王即遣镌石记之，埋在南郊天祠前。当此之时，佛初生王宫也。穆王即位三十二年，见西方数有光气，先闻苏由所记，知西方有圣人处世。穆王不达其理，恐非周道所宜。即与相国吕侯，西入会诸侯于涂山，以禳光变。当此之时，佛久已处世。至穆王五十二年壬申岁二月十五日平旦，暴风忽起，吹损人舍，伤折树木。山川大地，皆悉震动。午后天阴云黑，西方有白虹十二道，南北通过，连夜不灭。穆王问太史扈多曰：'是何征也？'

对曰：'西方有大圣人灭度，衰相现耳。'穆王大悦，曰：'朕常惧于彼，今已灭度，朕何忧也。'当此之时，佛入涅槃。"

明帝即派遣大臣蔡愔、秦景等12人出使天竺（今印度）寻佛取经。65年，蔡愔、秦景等人开始"西天取经"，至在大月氏（今阿富汗一带）遇天竺（印度）高僧摄摩腾、竺法兰，得见佛经佛像。永平十年（67年），汉使同高僧摄摩腾、竺法兰以白马驮载佛经佛像返洛阳，住鸿卢寺，翌年（68年），汉明帝诏建白马寺。白马寺位于河南洛阳城东15公里处，古称金刚崖寺，是佛教传入中国后第一所官办寺院，在我国佛教史上占有重要地位，号称"中国第一古刹"，被尊为"释源"和"祖庭"。它建于东汉明帝永平十一年(68年)，距今已有1900多年的历史。

相传，高僧摄摩腾、竺法兰曾经带来佛经原本——梵文《贝叶经》，是用梵文写在贝多罗树叶上的佛经。入中国后，他们很快学习汉语，禅居白马寺内奉佛译经。他们先在清凉台共同译出《四十二章经》，敕令藏于兰台石室第十四间。东汉永平十六年（73年），古印度高僧摄摩腾在洛阳圆寂，被安葬在白马寺东院，即如今的摄摩腾墓。摄摩腾圆寂后，竺法兰单独翻译了东汉使者从西域带回的其他佛教典籍《十地断结经》四卷、《佛本生经》一卷、《佛本行经》五卷等，这是传入我国最早的一批佛学著作。竺法兰60多岁时卒于白马寺，被安葬在白马寺西院，高僧摄摩腾、竺法兰为中国佛教的两位开山鼻祖。

需要注意的是，汉明帝夜梦金人询问群臣时，已经有人很明确地回答是西方的佛了，这段有趣的对话说明，佛教早已在民间传播了，否则就不能解释上面的对话。另据《列子·仲尼篇》云："商太宰问仲尼曰：夫子圣者欤？子曰：丘博闻强识者也，圣则丘何敢。曰：三王圣者欤？子曰：三王善任智勇，圣则丘弗知也。曰：五帝圣者欤？子曰：五帝善任仁义，圣则丘弗知也。

曰：三皇圣者欤？子曰：三皇善任因时，圣则丘弗知也。太宰大骇曰：然则孰为圣人乎？子曰：丘闻西方有圣人者，不治而不乱，不言而自信，不化而自行，荡荡乎，民无能名者也。不知真圣欤？真不圣欤？"有学者把此作为孔子崇佛的依据，有的学者则持不同意见，认为证据不足。可以说见仁见智，但这种笔墨官司还真难一时说清。但是可以肯定地说，佛教的经典在汉传入中国前，佛教的一些传说、故事、事迹，已通过商贾、使节的来往，在民间流传。因为民间的传播毕竟不像官方那样正式，也不像学者那样严谨。上下印证，佛教传入中国的时间应该更早。

代县自古作为东西方交流的咽喉要道，也是古丝绸之路的必经之地，商贾、使节在东西方交流中，路经或停留代县，茶余饭后，对异域风土人情的口口相传，应该成为佛教从西方传入东方的萌芽。而且在此之前，佛教早已成为西方的国教，崇佛之风早已深入生活的每个角落，以商贾、使节在西方的了解，在代县的停留中，谈西域不可能不谈西域风情，谈西域风情不可能不谈佛教这方面的事情。但这些口口相传的东西，没有文字记载，或少量的文字记载在历史的长河中已经湮灭，但没有文字记载并不等于就没有发生过，任何历史的足迹，都是从没有文字到有文字记录的。

（三）

研究代县的佛教，不能不先从研究代县现存的阿育王塔开始。"塔"，来自梵文，音译"塔婆"等，意译"方坟"、"圆塚"、"大聚"、"灵庙"等。传说最早佛塔是用来安置佛舍利和佛的其他遗物的。现位于县城中心代县县委院内的阿育王塔，是代县城内的标志性古建筑，也是全国重点保护文物。说起代县的阿育王塔，真正是来头非同一般。代县阿育王塔通高40米，塔基为圆形，周长60米，直径约20米。现存的阿育王塔造型为覆钵式，俗称喇嘛塔。据称这种塔的造型，是印度塔的建筑风格中国化后，最接近印度塔风格的形式。由下而上看，阿育王塔由塔基、塔身、塔刹三部分组成，雄伟秀逸，非常壮观古朴。刹座为折角须弥座式，平面呈"亚"字形，刹座下围有12根砖雕圆柱，是典型的西方建造风格，体现了独特的造塔艺术，是区别于其他同类型塔的精妙之处。刹身为13层相轮，象征佛教的十三天。刹顶装着盘盖金铎和金顶宝珠，蓝天白云，清风徐来，风铎摆动，铃声清越，向代地众生传递着袅袅佛音，同时也起到惊吓鸟雀，保护塔身清洁的作用。塔刹之下为塔身，塔身为覆钵式，因状如倒覆之钵故得名。据塔志记载，塔身内有天宫，天宫内有舍利、佛像、印度陀罗尼经文和经书。塔身之下为塔基，塔基形状为双层须弥座，在覆仰处雕有硕大的莲花瓣和流畅的忍冬纹。塔基下有地宫，地宫有舍利。《法苑珠林》记载，代州塔属于八万四千阿育王塔之一，是释迦牟尼真身舍利塔，地宫中当有释迦牟尼真身舍利。

关于释迦牟尼的真身舍利塔在中国的数量，《法苑珠林》中重点列出19座真身舍利塔，"代州城东古塔"位列十二（有的资料记载代塔位列十三）。下面是中国古代十九座释迦牟尼佛真身舍利宝塔分布表：

编号	古代地名	塔 名	朝 代	现地方名
1	西晋会稽	贸县塔	西晋	浙江省绍兴
2	东晋金陵	长干塔	东晋	江苏省南京
3	后赵青州	东城塔	赵	山东省淄博
4	姚秦河东	蒲板塔	周	山西省芮城寿圣寺
5	周岐州	岐山南塔	周	陕西省扶风法门寺
6	周瓜州	城东古塔	周	甘肃省嘉峪关
7	周沙州	城内大乘寺塔	周	甘肃省敦煌大乘寺

编号	古代地名	塔 名	朝代	现地方名
8	周洛州	故都西塔	周	河南省洛阳白马寺
9	周凉州	姑藏故塔	周	甘肃省武威县
10	周甘州	山丹县故塔	周	甘肃省山丹县
11	周晋州	霍山南塔	周	山西省洪洞县
12	齐代州	城东古塔	齐	山西省代县
13	隋益州	福感恩寺塔	隋	四川省成都感恩寺
14	晋源州	古塔	晋	四川省成都晋源
15	隋怀州	妙乐寺塔	隋	河南省沁阳
16	隋并州	净明寺塔	隋	山西省太原
17	隋并州	榆社县塔	隋	山西省榆社县
18	隋魏州	临黄县塔	隋	山东省临黄县
19	隋郑州	超化塔	隋	河南省郑州

佛家所谓"舍利",是梵语Sarira的音译,另译"设利罗"或"室利罗"。《佛学大辞典》云:舍利,佛之骨也,是依戒定慧之熏修所成者。或云金骨、灵骨、灵踪。真正的佛舍利特指释迦牟尼佛荼毗(火化)后的舍利。有"焚之不毁、击之不碎"之特性。《法苑珠林》:舍利一般有三种颜色,白色骨舍利,黑色发舍利,赤色血舍利。相传佛陀入灭后,弟子们用香燃火焚化释迦牟尼遗体,在灰烬中发现了头盖骨、指骨、牙齿和84000颗珠子状真身舍利,弟子们将释迦牟尼真身舍利细心收殓保存,安葬于圣地王舍城,并起塔供养。依《长阿含经》卷四(游行经)所述,释尊于拘尸城双树间涅槃后,佛舍利八分,有八个国家各自起塔供养。另据《阿育王传》卷一载,佛灭度百年后,阿育王收集佛遗存的舍利,建造八万四千宝塔分世界各地供养之。

阿育王是公元前3世纪古印度国王,因其家族属于孔雀氏族,称为孔雀王朝。他于公元前270年弑兄即位后,连年发动战争,以武力实现了印度历史上第一次大一统,建立起古印度史上一个空前庞大的帝国，在当时世界上树立了显赫的威名。阿育王脾气暴躁，残忍嗜杀，一次次的血流成河、尸横遍野，使他逐渐感悟忏悔，洗心革面，放下屠刀，加入僧团，为示虔诚，他将佛教尊为"国教"，下令在全国大兴佛寺。在他的大力推动下，当年净饭王王子释迦牟尼创立的佛教，在孔雀帝国得到蓬勃发展。阿育王为了表示对佛教三宝的敬仰，曾先后三次把整个国家布施给佛教事业，然后再以珍宝赎回。阿育王即位第十七年，组织了佛教史上影响巨大的第三次集结，促使佛教走出印度，走向了世界。据说，阿育王一夜之间在包括中国在内的全世界建塔84000座，用以供奉释迦牟尼的舍利，代州塔亦在其中。为彰显阿育王对佛教作出的巨大贡献，所建之塔均以"阿育王塔"称之。所以，阿育王塔只是一个泛称，中国各地，世界各国均有同名者。

佛教徒对佛之舍利，有难逢难遇之祥，故愿意恭敬供养，且往往信仰舍利之所在即如佛所在。因之供养舍利，即如同礼拜成道的佛祖之意趣，欲结下值佛闻法之因缘，而速成菩提。《金刚明经》卷四（舍身品）云："舍利者，是戒定慧之所熏修，甚难可得，最上福田。"《大智度论》卷五十九谓："供养佛舍利，乃至如芥子许，其福报无边。"

佛祖释迦牟尼的真身舍利在代县建塔供养，这是非同一般的殊胜大事，弄清这个事情，需要弄清两个事情：一是代县阿育王古塔最早建造于什么时间？二是为什么在代县建塔？

据《代县志》记载，现存阿育王塔建筑为元至元十六年（1279年）建造，为藏式喇嘛塔。《代州志》记载，代州古阿育王塔始建于601年，即隋朝仁寿元年，隋朝建的塔为木质结构，名为"龙兴寺"，842年，即唐会昌二年龙兴塔遭毁，史称"会昌法难"，五年后，即847年，唐宣宗大中元年重建，将塔改名圆果，寺改名圆果寺，1079年，北宋神宗元丰二年，圆果塔再度被毁，1102年，宋徽宗崇宁元年重建，1218年，金宣宗兴定二年，州人举火焚塔，1275年，即至元十二年，元世祖忽必烈敕建为砖塔，1694年，清康熙三十三年补修，2006年，国家文物局拨款补修。

那么代县塔究竟始建于什么年代？据唐朝道世所著《法苑珠林》记载称：代县塔为"齐代州城东古塔"，说明代县塔在北齐时代已经被称"古塔"。这里的"古"，是古代的意思，"古代"与"现代"是朝代分界的两个词，一字之差，意思大为不同，虽然历史上没有"古代"与"现代"之间相差多少年的明确界定，但在历史长河中，够的上古代称号，不应该是个短时间的时间差距，至少要有数百年的时间距离。况且，能被北齐称为古塔，肯定比北齐朝代要更早数百年，这是一个常识性的推理。北齐是中国南北朝时的北方王朝之一，自550年，由文宣帝高洋取代东魏建立，国号齐，建元天保，建都邺(今安阳地区)。北齐朝历经六位皇帝，于577年被北周灭亡，共存在27年。北齐早于隋朝数十年，据此，代县阿育王塔始建于601年，即隋朝仁寿元年的说法是不准确的，因为北齐时就已经称古塔了。倒是"始建于北齐或更早"中"更早"的说法，更为符合史实。

那么代县阿育王塔建造"更早"到什么时间呢？据有关资料记载（未经考证），佛祖释迦牟尼的19个真身舍利在东汉时传入中国，并在汉桓帝的资助下，在全国修建了19座宝塔，供奉佛舍利，而代县阿育王塔就是19座塔之一。据司马光《资治通鉴》记载，汉明帝在永平八年，即65年，佛教已经在中国劝导愚俗，传播佛法，特别是在天子、诸王和显贵当中，影响很大。据东汉帝王世系表，从汉明帝到汉桓帝，经过章帝、和帝、殇帝、安帝、顺帝、冲帝、质帝7个皇帝，时间从57–154年，经过97年时间，也就是近百年时间。《资治通鉴》记载："自永平以来，臣民虽有习浮屠（佛教）术者，而天子未之好；至帝（桓帝），始笃（笃意：忠实、一心一意。）好之，常躬自祷祠，由是其法浸盛。"这段话的意思就是说：自东汉明帝永平年间夜梦金人佛法传入中国以来，近百年时间，臣民虽然有崇信和传习佛教者，然而皇帝还谈不上喜好，到了桓帝时才一心一意崇信并忠实佛教，皇帝经常亲自参加佛教祭祀和祈祷活动，从此佛教越发盛行。也就是说，到桓帝时，佛教基本成了国教。这样佛祖释迦牟尼的19颗真身舍利在东汉时传入中国，并在汉桓帝的领导资助下，在全国修建了19座宝塔，供奉佛舍利，就是顺理成章的事了。代县阿育王塔是中国最早建造的19座塔之一，前后印证，代县阿育王塔建造于东汉桓帝时代也是合乎情理的了。

那么，代县阿育王塔究竟建造于东汉桓帝什么年代？直证不多，我们且看看旁证。现山西省临汾市洪洞县广胜寺的十三级七彩琉璃宝塔，古称阿育王塔，是全国重点保护文物，据记载也是中国19座释迦牟尼真身舍利塔之一，且与代县阿育王塔排名紧挨。据释力空《广胜志》记载：顺治十六年的缘起碑引明永乐年间"重修缘疏"一文内有记载：南北朝时期，北周武帝保定三年，即563年，游僧正觉，即法江和尚在该寺兴建佛塔时，掘的断碑载云："东汉桓帝建和元年（147年）敕建俱卢舍寺。"代县阿育王塔与洪洞县阿育王塔相同，并且都是中国19座释迦牟尼真身舍利塔之一，《代县志》明确记载建塔时间比北齐更早，以此推断，代县阿育王塔也应是东汉桓帝建和元年（147年）时期敕建。另外，建造佛祖舍利塔是一件大事，选择元年建塔符合历史上崇佛皇帝的尊佛习惯，从汉明帝梦佛，到汉桓帝建塔，佛教经过百年努力，已从传播达到鼎盛，况且皇帝就是个忠实的佛教徒，汉桓帝也喜欢做这些事，以国家之力敕建佛祖宝塔，也在情理之中了。加之，代县位于五台山文殊菩萨教化境内，境北勾注山上的牛头山（即馒头山）也是大有来头，是佛经中传说菩萨居住的地方。《华严经》卷二十九记载："震旦国土有菩萨住处，名那罗延山，过去诸菩萨常于中住。边夷国土有菩萨住处，名牛头山，过去诸菩萨常于中住。"建造佛塔，选择地点，必有当时的高僧大德参与谋划指点，在代县这样的地理位置建塔，部法宣德，舍我其谁。况且代县战略地位重要，各方人物云集，在代县建塔的天时、地利、人和因缘成熟，是最合适和理想的建佛塔之地了。由此推断，代县阿育王塔的建造时间应在汉桓帝建和时期，应有1800多年的时间，是名副其实的古佛塔。

那么，《代州志》记载，代州阿育王塔始建于隋仁寿元年，即601年，有时，又记载为仁寿三年，即603年，又是为什么？首先，需要把究竟是仁寿元年还是仁寿三年创建圆果寺弄清。仔细查阅比对资料发现：据清阎激《修圆果寺西阁文殊院碑记》记载，"代城东北圆果寺西阁文殊院，创自隋高祖仁寿三年，画阁雕梁，擎星贯日，迴廊曲楹，八水双林……诚为一郡巨观也。"阎碑说明：仁寿三年，是圆果寺西阁文殊院创建的时间，而不是圆果寺创建的时间。那么，又为什么说阿育王塔始建于隋仁寿元年呢？据我分析，实际是后人把建寺与建塔的时间弄混了。也就是把圆果寺（前身是龙兴寺）的建寺时间，等同于阿育王塔的建塔时间了。据建塔资料记载：隋朝建的塔，名为"龙兴"，唐会昌二年，842年，龙兴塔遭毁。847年，唐宣宗大中元年重建，将塔改名圆果，寺改名圆果寺。这里需分辨的是，圆果寺记载的是圆果寺创建今生前世，是无疑的。但并不等同阿育王塔的创建也是这个时期。那么，为什么后来的记载弄混呢？我个人认为：一是后人认为，一般塔是寺的附属建筑，所以塔、寺同期，或建寺早于建塔。但代县塔不是一般的塔，它是佛祖真身舍利塔，塔的意义远远重于寺。因此，塔才是真正的主要建筑，寺恰恰是塔的附属建筑。二是有关佛祖真身舍利是佛门辛密，在佛教徒心里尊崇无比，为了保护起见，只能在佛教秘典中记载，不宜在公开碑文等公开记录中详述。三是时间久远，资料佚失，撰者记录受限，不事细考，真实脱节，代代误传，以致建塔与建寺时间弄混。但代县一些历史资料在这个事情上，还是留了一个伏笔，记载着"建塔时间或许更早"，这是春秋笔法的偷懒之处，也或许是更有深意之举。

当人们驻足在代县这块神奇的土地上，仰望高大无比的佛塔时，不论是丽日当空，蓝天白云，听佛铃袅袅，还是暮色苍茫，月色朦胧，会寂静空灵，代州大地的芸芸众生，都会在造境写心之余，获得庄严佛法人我俱空的净化、无上快乐的福胜。代县佛塔为代州文明进步，究竟产生了多大的作用，是无法用有限的文字概括出来的。

（四）

在代县这块神奇的土地上，曾出了一位使佛教中国化的里程碑人物——净土宗初祖慧远。

代县城西北20公里处，有一处风景秀丽的地方，叫"白人岩"，当地代县人称此处为"白（当地音：百）人岩"。相传在"白人岩"有一通体白色、酷似人型的巨石，耸立于山谷之中，"白人岩"也由此得名。关于这一白色巨石的来历，还有一段神奇的故事。古时有一位白谷仙人，银须白发，云游到此，见山势奇特，灵气十足，森林密布，清凉幽静，遍地奇花异草，香味散谷，真是一处少见的洞天福地，于是暗自将这里作为自己的修行归属之地。经过多年修行，在某年四月初八，在此坐化成峰，峰顶巨石为头颅，悬崖峰坐为身躯，后人为纪念这个超凡脱俗、修道成仙的神仙，就把此地叫为"白人岩"。有意思的是，阴历四月初八这一天，恰是佛祖释迦牟尼的诞生之日。生灭轮常，流转自然，是偶然还是有联系？大千世界，奥妙无穷，此中奥妙，玄之又玄，是天机、玄机？是偶然、联系？但偶然也好、联系也罢，人们只能神驰大千，浮想联翩了。

从县城出发，朝西北方向有县城到"白人岩"平坦的柏油马路，一直向西向北方行驶20公里左右，大约半小时车程，就达到"白人岩"景区。沿途树木丛笼，花草葳蕤，旷野飘香，远山如黛，使人如临仙境，悠然神往。"白人岩"不仅风景秀美，而且在中国佛教界，甚至在世界佛教界非常有名。

"白人岩"坐落在勾注山的牛头山间，因东晋慧远大师在此最早建寺弘法，后成为创立"净土宗"的初祖，而"白人岩"也被尊为"净土宗"祖庭。相传慧远在这里建寺时，从东到西，从南到北，游踪遍及大小山脉。一天，当他经过小寺谷口时，忽然看到小寺峰顶上"梵宫琳宇，飘缈天际"，慧远急忙双手合一，跪拜诵经，抬头再望时，只见晴空万里，奇景全无。慧远感慨万千，进入崎岖山路，翻越悬崖峭壁，上到山峰中心处，他发现"白人岩"的山型酷似一朵盛开的白莲，随即下决心在此兴建寺院，以便弘法。慧远将四处筹集到的砖瓦木石等各种材料存放小寺，准备择日运料，上山建寺。可是一天清晨起来，一应木料全部不翼而飞。慧远惊愕之际，急忙顺着地上马蹄印迹找寻，当他跟着蹄印寻到白人岩山中时，一座雄伟壮观、精美绝伦的寺院呈现在他眼前。只见岩台上留下了清晰硕大的天马蹄印。慧远便感悟是佛祖遣天马帮他建起了寺院，从此更加坚定了他在白人岩弘法传经、开设道场的决心，白人岩由此成了慧远佛教生涯中的第一处道场。

"白人岩"佛寺分上下两寺，上寺群山环抱，即"白人岩"主景区。下寺在山脚下入口处，俗称小寺。"白人岩"景区的主要景点有岩寺禅院、说法台、讲经台、试心石、棋枰石、马蹄石、香炉石、静心石、修真洞、叠翠楼、古栈道、雾云洞、罗汉峰、抱子峰、金雕崖、藏虎崖、九层崖石浮图和摩崖石刻等。

白人岩岩寺禅院，位于白人岩中心处，始建于东晋升平元年，357年，即慧远大师23岁时首创的第一道场。原来的寺院规模宏大，建筑精美，可惜在民国年间被毁，一说1926年毁于军阀混战之时，一说1937年毁于日军之手，仅剩台基。2003年进行原样修复，现主要建筑已全部恢复。禅院东西北三面悬崖环抱，南面谷口深涧，远观山势形态，宛若大肚弥勒佛祖端坐说法，岩寺禅院正好建在弥勒佛肚脐心处，寺院主要建筑有天王殿、钟鼓楼、大雄宝殿、东西配殿，以及观音庙、玉皇阁和远公塔等，入口处建有汉白玉牌坊。

修真洞位于禅院东南石壁间，坐北朝南，天然形成，石洞仅容一人端坐，传说这是慧远当年在白人岩修习之所。相传白人岩禅寺建成后，慧远夜做一梦，梦中释迦牟尼佛祖坐于云端说："你天生与佛家有缘，但必须于此地修身蓄慧，方可悟道成真，了却心愿。"慧远醒来月明星稀，明白为佛祖指点教导，次日便在禅院附近寻洞，面壁笃修，终成净土大道。

说法台与讲经台。说法台位于禅院南端，台石平阔，相传是慧远说法处。讲经台位于禅院东北高处，面向西南而设，为慧远对前来朝偈僧侣善人们说法处。相传慧远每当讲经说法时，生于峭壁山间的带露灵芝便现出瑞气，匿于山林岩隙的鸟兽遂凝神谛听，山顶缭绕白云为之飘散，谷间弥漫的瘴雾为之消失，唯朗朗经语回荡山谷。

静心石、香炉石、试心石、棋枰石。静心石位于白人岩景区西北山路边。相传慧远在白人岩潜修期间，每天晨起都要在这石上静坐，寒来暑往，从不间断。直到现在，人们都说，只要在这石上坐上片刻，便觉心静气爽，杂念顿消，即使在酷暑难耐的季节，也会感到阵阵清凉，沁人心脾。香炉石位于景区西沟，因酷似香炉而得名，香炉石东西各一，耸然山峰，遥相呼应，炉顶、炉腹、炉足一应俱全，可谓大自然造化神奇。传说慧远、慧持兄弟二人在白人岩时，常到峰前燃香、跪拜。试心石位于景区中心入口西南，下临绝壁，石凸如秤，长宽4尺见方，试心石闪出峰沿约2尺。相传慧远在白人岩主持时，为辨鱼目混珠者设此石，以测量对佛是否虔诚，是否孝敬父母，是否仁德待人。凡善心者，试心石是平安台，可进寺朝拜。有亏心不诚者，试心石上露马脚，需慧远大师指点迷津。棋枰石位于景区东南山腰石阶平台处，相传是慧远与众弟子品棋悟道所留遗迹。石上有一天然中国象棋棋盘，石呈白色，长宽二尺见方，楚河汉界分明，虽历经风雨侵蚀，岁月沧桑，却仍然清晰可见。

叠翠楼在白人岩禅寺东南处依岩高台上耸立。楼分三层，檐翘云霄。传说慧远大师在白人岩修行多年后，一如既往地传经送法，普度众生去了。在他走后的一天晚上，月朗风静，禅院安谧。在夜半时分，忽然住寺僧人被满谷的叠响和沙沙声从梦中惊醒，他们俯窗而视，外面依然月色如水，无半点异象，于是除值更僧人外，众僧就寝。此时，一名僧人无意间向东南方抬头一看，一幅壮观景象映入眼中，只见天上彩虹飘逸，几位婀娜多姿的云中人，脚踩团云，舞动长袖，把一批批荧光四射的物体层层叠叠传送下来。第二天早上，僧人们沿山寻找，当来到禅院东南处时，看见依岩高台上耸立起一座楼阁，分三叠，雕梁画栋，同云雾缭绕的山峰和苍松翠柏融为一体，真是一幅出神入化的仙景。僧人们忽然明白，此楼是天上仙人为禅院弘法而造化。

此外，罗汉峰、古南庵等许多地方，都有慧远大师说法、传道的圣迹和代县名人张凤翼、孙传庭（张凤翼，明崇祯年间任太子太保、兵部尚书。孙传庭，明崇祯年间任天下兵马大元帅、兵部尚书）年轻时的动人故事。至今"白人岩"在佛教徒的眼里，堪称圣地。如今圣迹千载，圣人不在，使观者无不唏嘘感慨。

（五）

慧远大师的人生足迹可谓非凡。据资料记载，慧远，俗姓贾，是古雁门郡楼烦县人。慧远天资聪明，从小勤奋好学，被人称为"珪璋秀发"。13岁时，随舅父令狐氏游学于许昌洛阳一带。由于慧远博学六经，尤其精通老庄之学，有"学精儒老"之称。21岁那年，慧远本想南渡长江，拜当时的大学问家范宣子，学习儒学，因正值石虎暴死，后赵大乱，北方战祸连连，接着，又是东晋大将桓温北伐，兵戈遍地，道路不通，求学之志未能如愿。正好当时听说佛教大师道安，在太行、恒山，立寺传教，弘扬佛法，便与胞弟慧持一同前往。慧远胞弟，法名慧持，小慧远3岁，从小沉默寡言，那年他18岁。于是兄弟二人改南下为北上。在听闻道安法师讲《般若经》后，豁然大悟，方觉道安真吾师也，并叹曰："儒道九流，皆糠枇耳。"于是，与慧持一道出家为僧。出家之后，慧远常常想的是，怎么提纲挈领，以弘佛法为己任，精思竭力，夜以继日，道安大师对慧远十分嘉许。24岁时，慧远开始讲经。曾经有一居士，在听讲时提出疑义。慧远与他讲解，仍不能明白，于是引用庄子的学说类比，使那个疑惑的人顿时晓然。从此，慧远名声大振。以后，道安大师特许慧远读其他书籍，以便更好地讲经说法。道安视慧远为最得意的高徒，并加以培养。慧远不负师父期望，佛学出众。道安感慨曰："使道流中国，其在远乎。"

当时正值东晋时期，战争频繁，兵荒马乱，慧远随道安在河北时，无一处可安居，无一日可安宁，其艰苦不可言说。后赵冉闵之乱（东晋永和五年，即公元349年，后赵石虎死，石世继位。五月，石遵杀石世自立。十一月，石虎养子、汉族人冉闵杀石遵，立石鉴，又大杀胡羯，死者达二十万人。翌年，冉闵又杀石鉴，自立为魏皇帝。两年后，慕容隽灭魏，杀冉闵，北方大乱。）后，慧远随从道安大师潜遁山泽多年，后又渡过黄河，到陆浑山（今河南嵩县西南），以青草野果充饥，栖居修学。晋哀帝兴宁二年（364年），慧远31岁，前燕王慕容暐攻河南许昌，拔洛阳，为避战乱，道安率慧远等众弟子，南投襄阳。先到新野（今河南新野县），第一次分散徒众。后东晋哀帝兴宁三年，即公元365年，到达襄阳，当时慧远32岁，道安率慧远等弟子"复宣佛法"，"四方学士，竞往师之"。后镇守江陵的征西将军桓豁，邀道安移住江陵，而西镇襄阳的朱序又请道安回住襄阳。慧远随道安先住襄阳白马寺，因寺狭窄，难以容众，在显贵们的赞助下，另建了一所有四百僧舍的云溪寺，与此同时，还建了一座五层高的佛塔。从此道安结束了颠沛流离的生活。

14年后，也就是晋武帝太元四年，即公元379年，慧远大师46岁。秦将符丕攻襄阳，兵临城下，为躲避兵乱，道安大师让大家疏散，各自找寻修行场所。这也是道安第二次分散徒众。临上路前，道安法师对各位弟子都谆谆教诲，唯独对慧远没有一言。慧远跪请于道安大师前说："师父对他们都有训诲，唯独对我没有训导勉励，莫非是弟子不堪教训吗？"道安大师说："对你，我还有什么可忧虑的呢。"分别后，慧远及慧持等人本想去广东罗浮山结庐立足。经过江西省浔阳时，见庐山幽雅清净，正可安心修道，谁想却与师弟慧永不期而遇，慧永也是得道高僧。

原来在太元年间，慧永路过浔阳，被东晋名将陶侃之子陶范留住，在庐山西北麓，花竹参差、奇石兀立香炉峰下，为他建造了西林寺。他自己又在山顶立一草屋，常去草屋中独自坐禅。又有一只驯熟的斑斓猛虎，每当他去草屋时，就来相伴，远近相传，视作神异。他听说慧远大师也到了庐山，极力挽留，邀同住庐山，共修道业。

慧远大师看了山形地势，走到庐山东麓，用锡杖拄地说："如果此处可以居住，当从土中喷出泉水。"山泉果然应手而出，涌流直下而成为小溪。大师便砍竹建庵，就此居住，并命名为龙泉寺。这年是东晋太元九年，（384年），慧远51岁。

建造东林寺之初，木材供应不上，慧远大师为此发愁，夜梦山神禀告："此山足可栖神，愿毋他往。"当夜电闪雷鸣，风雨大作，殿前池塘中涌出许多珍贵的木材。

慧远来后，慧永见慧远师徒人多，西林寺住不下，去找相熟的地方官桓伊相助。当时慧远不论在佛教界还是王公大臣中已经影响很大，追随慧远的信徒也日益众多。慧永对江州刺史桓伊说："远公正当弘扬大道，如今徒属众多，而四方闻名而来的仍然不断。贫僧所居住的西林寺，地方太小，住不下这许多人，怎么办呢？"桓伊听说慧远山神相助的事后，对大师产生敬仰之心，上书朝廷批准建造寺院。

两年后，东林寺建成。东林寺南对香炉山，门临虎溪，四面环山，清黛叠翠，泉水环阶，石径苔合，风景极为幽丽。因坐落在西林寺东，取名东林寺。这年慧远大师53岁。

此后，慧远大师便遁迹庐山，孜孜为道，译经、讲经、探讨义理，弘扬佛法。很快，其学问人品，就被人称赞，声名远播。并开凿水池，种植莲花，在水面上造立十二叶莲花钟，指针随波而转，指示时刻，方便修道。当时一些名士，如刘遗民、雷次宗、周续之、毕颖之、宗炳、张莱民、张季硕等甘愿抛弃荣华富贵，来追随慧远大师，奉他为思想领袖。

这年夏日，东林寺院中水池，白莲盛开，清气袭人，慧远大师与众人在禅林同坐。慧远大师回忆了跟道安大师弘扬佛法的经历和道安大师教导情景，并谈了自己对世事感慨和对佛法的感悟，以及勤于修持，专心事佛，一心一意追求西方极乐世界、追求永恒极乐的紧迫感。众人都纷纷赞成，经过商量，决定共同发愿，往生西方弥勒净土。于是，以慧远为首，同刘遗民等123人，在庐山精舍，无量寿佛像前，共同建斋立誓，共结莲社，共期来世生生西天。并由刘遗民代表大家作《发愿文》，刻石立碑。碑文大意：……立志通过修习，脱离生死轮回束缚，既不受恶报之苦，也不享天宫之乐，只愿达到无苦无乐的超脱自怡境界，每人根性不同，达到这种境界有先后，无论是谁，凡能先达者，定要提携后进同志，共达目标。从此，昼夜六时，念佛行道，一意西方净土。

这次立誓结社，就是历史上著名的"白莲社"，也就是净土宗信仰的开始。也正因此，慧远大师被后人推为影响极大极广的中国佛教净土宗初祖。当时，慧远大师领袖的僧团，高居匡庐，使佛法流布江南，与北方鸠摩罗什领袖的长安僧团，一南一北，被称为：南慧远，北罗什。可谓影响广大，风范千古。

慧远大师自从进入庐山以来，共计32年，从不出山，凡送客都以虎溪为界。大师曾著《法性论》14篇。与大师同时代的汉传佛教大翻译家鸠摩罗什大师，见到文章后感叹地说："远方的边地，没有见过佛陀大经，却能如此与经文暗合道妙。佛经说，末代东方有护法菩萨，正是这位值得尊敬的仁者啊！"所以后世佛门弟子，都尊称慧远大师为东方护法菩萨。晋安帝义熙十二年，即公元416年，慧远大师圆寂，终年83岁，死后葬于庐山西岭，并垒石为塔，以作纪念。当时的大文学家谢灵运，与慧远大师是忘年之交，为大师作文纪念并立碑塔下。据《宋书·列传第二十七·谢灵运》载：谢灵运是"淝水之战"名将谢玄的孙子，出身高门士族，十八岁承袭了"康乐公"的爵位，"食邑三千户"，少年时聪明好学，"博览群书，文章之美，江左莫逮"，性格狂放桀骜，自称"天下才有一石，曹子建独占八斗，我得一斗，天下共分一斗"。就是这么一个既有大才（被后世称为山水诗人鼻祖），又目空天下的人，对慧远大师却非常崇敬，称："远公乃云龙之人。"可见慧远大师在当时的影响是多么得大。后世凡佛教徒都以"释"为姓，也是慧远大师立下的规矩。

慧远大师的弟弟慧持，与慧远一起从道安学佛，精通经、律、论三藏。道安在襄阳派慧远东下，慧持与慧远同行。初到荆州，后到庐山，慧持都与慧远在一起。后来慧持听说成都一带土地肥沃，人民富裕，有志前往传扬教化，同时观瞻峨嵋山水。慧持于东晋隆安三年，（399年），辞别慧远到四川去，住在龙渊寺，大弘佛法，受到四方人士的钦慕，刺史毛琼更是推崇。在当时，僧人慧岩、僧慕，已先在蜀传法，受到当地人的尊敬，待慧持来后，人们都望风推服，以至于凡是来到慧持僧堂的人，都被称作"登龙门"。晋代对于峨眉山佛教贡献最大者，当首推慧持大师，峨眉山被尊为普贤菩萨道场，实际上慧持起到了奠基的作用。

后来，蜀人谯纵，割据蜀郡，自称成都王。慧持避乱来到郫县，住在中寺。谯纵有个侄子名道福，凶残无比，带兵来到郫县，到处杀人，血流成河，道福来到寺中，众僧人很害怕，纷纷逃跑了。慧持在房中盥洗，神色安详。道福来到慧持身边，慧持弹指洒水，淡然自若，道福愧悔而汗流满面，灰溜溜地退走了。出了寺门之后，道福对手下的人说："道德高尚的人就是与众人不一样！"东晋安帝义熙八年，即公元412年，慧持卒于龙渊寺中，终年77岁。慧持圆寂后被尊为五百罗汉第136位。

（六）

慧远大师为什么能做出如此大的成就？追踪溯源，梳理慧远大师佛脉传承，他不仅是当时佛教界一代领袖，而且大有来头。慧远大师是西晋、东晋时代被佛教界称为"东方圣人"道安的最得意高足。道安也是个大有来头的人，他是西晋时代西域来华传法，被当时国家称为"大和尚"、"国之大宝"、"圣人"、"天下第一神圣"佛图澄的最好学生。可谓法脉西来，传承非同一般。

佛图澄（232—348年），又称竺佛图澄、佛图磴，本姓帛，以姓氏论，应是龟兹人，即今新疆轮台、库车、拜城、阿克苏、新和六县市一带人，但佛教称其为西域人。9岁，在乌苌国出家。乌苌国（梵文Uddiyana,udyuna），又译名乌场国、乌仗国、郁地引那国，是古印度国名，地理位置相当于今巴基斯坦西北边境省斯瓦特县，最早见于法显《佛国记》、玄奘《大唐西域记》卷三。两度至罽宾（罽：音ji）学法。罽宾，古印度国名，唐玄奘《大唐西域记》译作"迦湿弥罗"，即今克什米尔。西域人称他已得道。他深入经藏，深明佛理，能背诵经藏数百万言，同时又擅长方技咒语。这里有三个疑问：第一，为什么佛图澄要到乌苌国出家？第二，为什么佛图澄同时又擅长方技咒语？第三，为什么佛图澄要两度至罽宾学法？弄清这些问题，才能弄清佛图澄，以及佛图澄的徒弟道安、道安的徒弟慧远的佛法传承。我查阅了大量资料，经过分析，得出三个结论：第一，龟兹是古代丝绸之路上的重镇。据季羡林先生的弟子钱文忠研究，龟兹国由于受印度佛教的影响，非常信奉佛教，而且对自己国家的佛学造诣和对自己国家的佛学人才充满了自信。但是佛图澄为什么9岁时就不远千里到乌苌国出家？只有一个简单的道理，即说明当时乌苌国的佛学比龟兹更加发达，就像今天我们许多人要远渡重洋到欧美学习一样。据《玄奘西行记》记载，玄奘大约是在公元629年到达乌苌国，那里仍然有大量的佛教圣迹。据记载，玄奘到这里时，佛教已不是最鼎盛的时候了，从前乌苌国佛教鼎盛时期有一千四百所寺院、一万八千僧人。当时印度是由七十多个小国组成的国家，人口也不是很多，一个小小的国家，有这么多的寺院和僧人，其佛教的鼎盛的情景和发达是一种什么样的情景，就可想而知了。这些史实基本可以解答9岁的佛图澄为什么要到乌苌国出家的原因。第二，为什么佛图澄同时又擅长方技咒语？据钱文忠《玄奘西游记》记载：乌苌国是信仰大乘佛教的，但当地人"特闲禁咒"（这句话是玄奘《大唐西域记》记载的），就是说当地人非常擅长念诵咒语。佛图澄在这里出家，同时学会并擅长方技咒语，就不奇怪了。这就解答了第二个为什么佛图澄同时又擅长方技咒语的疑问。第三，为什么佛图澄要两度至罽宾学法？罽宾，就是前文说的古印度国名，唐玄奘《大唐西域记》译作"迦湿弥罗"，即今克什米尔。这必须从迦湿弥罗在佛教历史上的特殊地位说起。迦湿弥罗是佛教历史上第四次结集佛典的地方，也就是迦腻色迦王结集。所谓"结集"，梵语叫Sangiti,就是合唱，指佛教徒为了编辑佛教经典而举行的合诵。我们知道，在古代历史上，佛经主要是口口相传的，经过漫长岁月可能出现丢字拉句的情况，所以每过一段时间，就要把高僧们召集起来，大家坐在一起念诵，如果念的都一样，就写成定本，也就是大家都同意的标准本。如果念的时候不统一，就先讨论哪个是对的，再把大多数人赞同的意见写下来，作为比较固定的版本，这就叫佛典结集。虽然学者们的意见有不小的差别，但大多数人认为佛教历史上有四次大结集：第一次是在如来涅槃后第一年，就是公元前486年左右；第二次是吠舍离结集，在公元前300多年；第三次是华氏城结集，在阿育王时期；第四次就是在迦湿弥罗，在迦腻色迦王统治期间。

根据《大唐西域记》的说法，迦腻色迦王在佛陀涅槃后的四百年即位，国力强盛，每天请一个僧人入宫讲经，但是学说很紊乱，彼此矛盾。于是有位叫胁尊者的就对国王说，如来去世已经很久了，弟子分成很多部派，意见纷纭，互相矛盾，建议国王利用自己的权威召开大会，统一佛说。国王接受了这个建议，传令召集远近高僧。于是，高僧们从四方云集，在七天内大事供养，但是人实在太多，鱼龙混杂，喧闹不堪。国王就恭恭敬敬地进行有秩序地淘汰工作，先留下已经证圣果的，再要求已经证的四果的留下，再要求只有具有三明、六神通的人留下，最后把要求提高到"内穷三藏，外达五明"者才能留下。这样还有四百九十九人。国王专门建立寺院，开始准备工作。

这其中有个最关键的人物叫世友，开始他并不在这四百九十九人之列，而是穿着粪扫衣（用人们抛弃的破衣服缝纳而成的法衣）站在寺院门口。那些人瞧不起他，叫他赶紧去证的四果再回来，先退到一边去。世友说：我看证的四果很容易，就像涕和唾一般容易。我志求佛果，不走小路，现在我把这个丝团抛上天，在它掉下来以前，我就可以证的圣果（世友语："我顾无学，其犹涕唾。志求佛果，不趋小径。掷此缕丸，未坠于地，必当证的无学圣果。"）别人当然说他是自吹自擂。于是，世友就把丝团抛上了天，空中有神接住丝团，说世友应该在今世证的佛果，然后在来世接弥勒佛的班，怎么能在这里求这样的小果呢？这下子那些僧人全相信了，就请世友为上座，请他裁决疑义。这五百个圣贤先后写成了解释经藏的佛经十万颂、律藏十万颂、论藏十万颂（"颂"是梵文里一种特殊体裁，汉语佛经一般是四句，这四句就叫一颂，也叫一偈），佛经于是完整了。迦腻色迦王就把这些经文刻在铜上，用石函封起来，再在上面建造佛塔，想学习的人可以来此学习。

这就是说，迦湿弥罗国有相当完整的佛经，学习佛经有得天独厚的优势，这就是为什么佛图澄要两度至罽宾（迦湿弥罗）学法的原因。对中国佛教影响甚大，被誉为中国佛教四大译经家之一的鸠摩罗什（344—418年），比佛图澄小112岁，比慧远长10岁，与慧远是同时期的佛学大师），在青少年时期，就随母亲（当时，龟兹王白纯之妹）也在罽宾学法。在佛图澄圆寂数百多年后，据《大唐西域记》记载，到西天（印度）取经的唐玄奘，也在这里学习佛经，而且一学就是两年。

晋怀帝永嘉四年，即310年，79岁的佛图澄到西晋首都洛阳，原准备在此建立寺院，但因发生永嘉之乱而不能成功。

永嘉六年，（312年），石勒屯兵葛陂，准备南攻建康。其部下郭黑略为佛图澄弟子，引佛图澄见石勒。当时郭黑略是被封为镇东大将军石勒手下的大将，是石勒最初起事的"十八骑之一"（"十八骑"是石勒起事前的十八个强盗，他们骑黑马、穿黑衣、系黑巾，啸聚山林，打家劫舍）。此人是个无智武夫，却信奉佛法。佛图澄为了实现自己弘法愿望，于是投到郭黑略的军门下。而郭黑略对佛图澄非常尊敬，跟他受五戒，拜他为师，又经常与他讨论军事。郭黑略从此常为石勒出谋划策，经常能准确预测战事的胜负，使石勒在与刘曜的战争中连连得胜。石勒甚是高兴，但心存疑惑，问郭黑略："孤从前未觉出卿智谋出众，近来怎么能料事如神，预测出兵事吉凶？"郭黑略回答："不是在下料事如神，而是将军天赐神武，有神灵帮助。如今来了一位和尚，智术非凡，虽年事已高，却善念神咒，又能役使鬼怪，以麻油烟在掌心一涂，能见千里之事，还能据铃音，分辨吉凶，所说无不效验。他说将军必将会拥有中原，他愿为将军谋师。臣以前所言军事，皆此老沙门所教。"石勒听罢大喜，急令召见。见面后，石勒问佛图澄："先生既称吾师，敢问先生之佛道，到底是什么？有何灵验之处？"佛图澄徐徐答道："大王，至道玄远，佛道是什么，非一言说清。但道含万物，此可以小事为证。"说着，向左右讨取一个瓦钵，注满清水，又点燃一炷香，供于钵前，合掌念咒，大喝一声，便见钵中顿时生出一株青莲，须臾开花，光色耀目。石勒亲眼见此，不得不信，当下拜服。佛图澄以神通在清水中变出青莲，得到石勒的信任，并劝其少行杀戮。当时有许多本将被杀戮的人，大多获救。石勒、石虎（石虎：从小游荡无度，强悍善斗，残暴嗜杀，先被石勒之父看中，收为养子，跟随石勒打天下，争战杀伐，以军功升为石勒部下一名残暴的猛将。咸和八年，即后赵建平四年，333年，石勒死，长子石弘继位，第二年，石虎杀石勒之子石弘自立。）等人，都尊重佛图澄，并咨以国事。

佛教自东汉明帝时期传入中国，直到佛图澄那个时候，影响并不太大，主要是在一些民间信徒中流传。西汉末年，连年战乱、民不聊生，佛图澄看准这一历史机遇，于永嘉六年（312年），以80岁高龄，从西域来华，施展种种神通谋略，取得后赵开国皇帝石勒，以及石虎极大的尊崇信任，以僧人身份，成为实际上的国家高级军政顾问，为推动佛教在中国的传播和发展起了特殊作用。永和四年，即348年12月8日，佛图澄在邺官寺逝世，终年117岁。

佛图澄的弟子甚多，身边常有数百，前后达万人。但主要弟子有法首、法祚、法常、法佐、僧慧、道安、僧朗、竺法汰、竺法和、竺法雅等人。这些弟子有从全国各地慕名来的，也有远从天竺、康居（今哈萨克斯坦南部及锡尔河中下游）来从学的，可想佛图澄的影响之大。但在他的弟子中，最重要的则是道安。

（七）

道安是慧远学佛得法的直接老师。道安（312—385年），俗姓卫，常山扶柳人，即今河北冀县人，是净土宗中观般若学在中国的先驱，对中国佛教的发展作出特殊贡献。鸠摩罗什推崇他是"东方圣人"，在当时有"弥天释道安"的美誉。

道安于西晋永嘉六年生于常山，家中为儒学世家，但父母早亡，由表兄孔氏抚养长大。其貌丑但极聪慧，7岁开始读书，读两遍便可背诵，展现出他过人的记忆能力（《高僧传》卷五）。

道安12岁出家。初始，其师父并不重视他，而让他从事田间劳作。过了3年，道安要求阅读佛经，师父随便给了他一部约5000字的《辨意经》（即《辨意长者经》）。道安利用劳动休息时间，读了这部经，并且背诵了下来。傍晚回来，以经还师，要求另换一部。师父责问他，道安回答："昨天那部经，已经背诵下来。"他师父虽不太相信，还是又给了他一部近万字的《成俱光明经》，道安傍晚回来，将经还师，他师父感到有些意外，并且让道安背诵一遍，果然一字不差，师父大为惊异，这才发现他这位徒弟很不寻常。不久，为道安授"具足戒"，使道安成为一名正式僧人。接着，就让道安外出游学，冀以深造（《高僧传》卷五）。从此，道安开始了他出家以后的参学生涯。

晋成帝咸和元年，即公元334年，石虎迁都于邺，即今河北省临漳县，佛图澄随至。道安至邺都入中寺，师事佛图澄。佛图澄极为欣赏道安的才华，但众人见道安其貌不扬，颇有轻视之意。佛图澄每次讲经，都要道安为大家复述一遍，道安词峰锐利，屡挫群疑，众人这才大为叹服。于是遂有"漆道人，惊四邻"之赞（《高僧传》卷九）。

后来，道安又到了泽州，今山西省晋城市。不久，又来到河北太行山、山西恒山，并在这里创立塔寺，这时的道安已经是相当知名了。慧远就是此段时间成为道安徒弟的。

道安45岁后，又返邺都，住都寺，徒众数百。佛图澄圆寂

（358年）后的十五年中，道安及其徒众一直辗转活动于河北、山西一带，一边禅修，一边讲学。后来，他又避乱渡过黄河，到陆浑，今河南嵩县西南，"山栖、木食、修学"。当时，追随道安的门徒有法汰、慧远等五百人，条件非常艰苦。对这段经历，后来慧远大师在庐山传道时，对徒弟讲了一段深情的回忆。慧远道："安公生逢乱世，我等追随他在河北时，颠沛流离，真是无一处可安居、无一日得安宁，其艰苦卓绝，不可言说。后赵冉闵之乱后，安公潜遁山泽多年，后又渡河，入陆浑山，以青草野果充饥，栖居修学。"

道安到陆浑不久，慕容氏略河南，道安又率众南下，行至新野，后东晋哀帝兴宁三年，即365年，到达襄阳。到达襄阳后，如前所述，道安率慧远等弟子"复宣佛法"，"四方学士，竞往师之"。后镇守江陵的征西将军桓豁，邀道安移住江陵，而西镇襄阳的朱序又请道安回住襄阳。慧远随道安先住襄阳白马寺，因寺狭窄，难以容众，在当时显贵们的赞助下，另建了一所有四百僧舍的云溪寺，与此同时，还建了一座五层高的佛塔。从此道安结束了颠沛流离的生活。

晋武帝太元四年，即公元379年，前秦将符丕攻陷襄阳，道安被执至长安，这时道安67岁。道安到长安后，秦主符坚说："我以十万之众攻襄阳，结果止得一个半人，安公一人，习凿齿半人也。"习凿齿（？—383年），东晋著名文学家。襄阳（今湖北襄樊）人，精通玄学、佛学、史学。由此可见，符坚对道安是如何推崇。

晋武帝太元十年，即385年，道安大师忽告众曰："吾当去矣。"是日斋毕，无疾而卒，享年74岁。

道安大师在汉传佛教史上，有极其重要的地位。他博学广识，又与佛图澄不同，道安不以方术惑人耳目，而以哲学教人义理。他的贡献主要是整理佛典；确立僧团戒律、宣传弥勒净土、反对格义、弘传般若思想，在促进佛教思想中国化的进程中起到了极为重要的作用。

道安大师的佛学思想，依据《大品》、《小品》不同译本对读，组织整理的《般若经》理论体系，被佛教界称为"性空之宗"或"本无宗"。"本无"一语，梵文作Tathato，译作"如"。道安大师的《合放光赞略解序》云："般若波罗蜜者，无上真正道之根也。正者等也，不二入也。等道有三义焉，法身也，如也，真际也。故其为经也，以如为始，以法身为宗。如者尔也，本末等尔，无能令不尔也。佛之兴更，绵绵常存，悠然天寄，故曰如也。法身者，一也，常净也。有无均净，未始有名，无于戒则无戒无犯，在定则无定无乱，处智则无智无愚，尔忘，二三尽息，皎然不缁，故曰净也，常道也。真际者，无所著也，泊然不动，湛尔玄齐，无为也，无不为也。万法有为而此法渊默，故曰无所有者是法之真也。"道安大师此段心得，可说深得般若经旨，这一见解，由道安大师高足弟子慧远大师继承，慧远大师在师承道安并汲取鸠摩罗什"非有非无"中观系理论的基础上，以其《大智论抄序》中的精妙见解，进一步把佛教中国化推向以"法性"为主的理论高峰。

佛图澄、道安、慧远三位佛教大师，师徒三代，将佛教中国化推向理论和实践的巅峰，并绵延千秋万代，其功至伟至厥，实在令人敬佩。正如《高僧传》卷八"义解论"记述："释道安资于圣师竺佛图澄，安又授业于弟子慧远，惟此三叶，世不乏贤，并戒节严明，智宝炳盛；使夫慧日余辉，垂光千载之下，香吐遗芳，再馥阎浮之地，涌泉犹注，实赖伊人。"

（八）

继慧远大师之后，代州又出了一位佛教净土宗的祖师级领袖人物，净土宗二祖昙鸾大师。昙鸾(476—542年)，是南北朝时期北魏弘传净土宗的一位高僧。

昙鸾生于今山西大同的雁门(治所在今山西代县)。因家近五台山，从小便常听有关文殊菩萨灵异的传说。十余岁时，即登山访寻，备见佛教遗迹，心里非常感动，于是出家，广学内外经典。大师对于龙树一系的《智度论》《中观论》《十二门论》《百论》等四部论及佛性之义的研究，特别有所心得。后来，大师读《大集经》，感觉到经中的词义深奥不易悟解，即着手写作注释，写了一半多，忽然得了气疾，暂时停笔。于是出门寻医治疗。到了汾州，一日忽见天门洞开，其气疾顿然也好了。于是又想继续写作，但此时已深深感到生命之短促，如果不获长年，便难完成一切志愿。听说江南隐士陶弘景精研神仙方术，学问渊博，远近推崇，即南游相访。

当时江南梁朝对于北人入国是不轻易容许的。昙鸾到了梁都建康(今南京)之后，经过官府的勘问并得引见梁武帝。武帝知道他并不是北朝的奸细，即请入重云殿和他谈论佛性的深义，大师的见解很受梁武帝的赞许。

当时陶弘景住在句容的茅山，深受梁武帝的尊敬，时人称他为"山中宰相"。昙鸾在建康先写信给陶弘景说明来意，表示愿从他学习仙术。陶弘景也是早慕昙鸾的高名，接信后立即回信表示欢迎。昙鸾到茅山后受到陶弘景殷勤接待，不久即授予《仙经》十卷。昙鸾即携经辞还北魏，欲往名山如法修炼。归途中路过洛阳，遇见北印度三藏法师菩提流支，即向流支叙述自己的愿望，并问他佛法中有没有胜过此《仙经》的长生不死之法？菩提流支告以《仙经》比不上佛法，并且仙术也不能长生。即以《观无量寿经》授给他说："这是大仙方，依此修行，便能解脱生死。"昙鸾受了这一番教化，即把随身所带的《仙经》烧掉。从此精修净业，自行化他。

因大师精通佛学，四众钦佩，逐渐得到广大信众的皈依。东魏孝静帝也尊称他为"神鸾"，并敕住并州大岩寺(故址在今太原)。大师晚年又移住汾州北山石壁玄中寺，又时常到介山(今介休县绵山)之阴集众念佛，后人称其处为"鸾公岩"。

大师为南北朝净土宗集大成者，为净土宗的发展奠定了重要的基础。同时大师也是著名"四论"(《中论》《百法名门论》《十二门论》《大智度论》)学者，所以后世也尊称他为"四论宗之祖"。

东魏兴和四年(公元542年)，大师示疾，临终诫言于众："劳生役役，其止无日，地狱不可不惧，净业不可不修。"于是令众弟子高声念佛，自己向西顶礼而去。在场大众闻听天乐西来，长时间鸣响于空。大师圆寂于平遥山寺，时年六十七岁。魏主孝静帝敕葬于汾西泰陵文谷，营造砖塔，并为其立碑。

昙鸾大师的著述，根据《续高僧传》卷六及《隋书经籍志》卷三十四、《新唐书·艺文志》卷五十九等所记，共有十种。其中，《大集经疏》现已不存。《论气治疗方》《疗百病杂丸方》《调气方》《服气要诀》四种，似乎是同本异名的关于气功之类的医书。据《续高僧传·昙鸾本传》载，昙鸾大师能调心练气，对病识缘，名满魏都，可见其在医学上的造诣。大师的著书还有《礼净土十二偈》(《赞阿弥陀佛偈》)、《安乐集》(《略论安乐净土义》)、《净土往生论注》。《净土往生论注》二卷，是对印度世亲菩萨《无量寿经优婆提舍愿生偈》的注解，上卷解释偈颂，下卷专释长行，其间随处可见大师的高深见解。其有"二道二力、名号为体、往还二向"等论义。这些都体现出昙鸾大师净土宗的思想。

《赞阿弥陀佛偈》，有七言偈一百九十五行。是依《无量寿经》而赞咏阿弥陀佛及其净土的功德，所以又称《无量寿经奉赞》或《大经奉赞》。《略论安乐净土义》是用问答的体裁，把有关阿弥陀佛极乐净土的三界摄否、庄严多少、往生辈品、边地胎生、五智疑惑、渡与不渡、十念相续等问题，作总别九番的问答，并一一加以解说。

昙鸾大师的净土思想，完全表现于《净土往生论注》之中。他在《净土往生论注》的卷头即引龙树菩萨《十住毗婆沙论》说明菩萨欲求阿毗跋致(即不退转法)有难行、易行二道。在五浊之世无佛之时求阿毗跋致名为难行道。但以信佛因缘愿生净土，由佛力住持入于大乘正定之聚名为易行道。这就是说，在无佛之世"唯是自力，无他力持"，难得阿毗跋致，譬如陆路步行则苦，名为难行道。反之，乘着佛的本愿力往生净土，即依他力而得阿毗跋致，譬如水路乘船则乐，名为易行道。

昙鸾大师强调依佛本愿力，其思想根源于《无量寿经》。他在《净土往生论注》说明阿弥陀佛本愿力的殊胜和修五念门以自利利他，可以速得成就阿耨多罗三藐三菩提，其要点在以弥陀如来为增上缘。以阿弥陀如来"四十八愿"中的第十一、第十八、第二十二，三大本愿为中心的他力本愿，发挥了弥陀净土教义的蕴奥。后来唐代善导所发挥的弥陀本愿论，就是著述昙鸾此说的。

按照有关人士研究，昙鸾大师对于净土宗的弘扬、贡献很大，但由于历史的原因，他的著作很早便流散到海外，国内人士因很少见到而失传，因此对于他的事迹也少有了解。改革开放后，昙鸾大师的著书，相继传回国内，人们才得以见到，对此也有了进一步的了解。但是，遗憾的是，这位大师虽对净土宗在中国的发展以及传承影响巨大，但因后世少有人知，所以历代的《莲宗祖师传》中，一直没有把他列入其中。在净宗的传承上，一贯把善导大师列为二祖。如《莲宗十祖传略》这本书，乃大清道光年间，悟开法师所作，就未将昙鸾大师列入莲宗十祖传略。对于此本，早有印光大师指出不足。因为此书只收录了十位祖师的事迹，而漏缺了蕅益(智旭)、截流(行策)这两位大师。因此，依印光大师的倡议，把这两位大师列入了祖师之列。又自印光大师的出世，后人公认将印光大师也列为祖师。所以至今都以十三祖为准，即一祖慧远大师、二祖善导大师、三祖承远大师、四祖法照大师、五祖少康大师、六祖永明(延寿)大师、七祖省常大师、八祖莲池大师、九祖蕅益大师、十祖截流(行策)大师、十一祖省庵大师、十二祖彻悟大师、十三祖印光大师。其实应该把昙鸾大师列为第二祖、道绰大师列为第三祖，而善导大师排在第四祖……。从对净土宗各位大师的传承可以看出，正是由于慧远大师对昙鸾大师的影响，昙鸾大师对道绰大师的影响，以及道绰大师对善导大师的影响，才导致了自善导大师起，净土宗在中国的广泛弘传。所以，四者之间有着一脉相承的内在关系。

慧远大师创立的佛教"弥陀净土法门"，之所以被后世广为传播，甚至传入日本、朝鲜、韩国、东南亚等世界各地，除提纲挈领、契合佛旨外，其通俗易懂，简便易行，具有群众性是其一大优势，这正应了"越是高雅的，越是简便的"名言。正如被誉为民国以来净土宗第一尊宿，后人盛传大师乃为大势至菩萨化身的十五祖印光大师(1861—1941年)，在《佛法修持不过禅净二门》所述中，有一段精辟的论述："佛教大纲，不外五宗，五宗者即律、教、禅、密、净也。律为佛法根本，严持净戒，以其三业清净，一性圆明，五蕴皆空，诸苦皆度耳。教乃依教修观，离指见月，彻悟当人本具佛性，见性成佛耳，然此但指其见自性天真之佛为成佛，非即成证菩提道之佛也。密以三密加持，转识成智，名为即身成佛，此亦但取即身了生死为成佛，非成福慧圆满之佛也。此三宗均可摄之于禅，以其分相同也，以故佛法修持之要，不过禅、净二门。禅则专仗自力，非宿根成熟者，不能得其实益，净则兼仗佛力，凡具真信愿行者，皆可带业往生，其间难易，相去天渊。故宋初永明禅师以古佛身，示生世间，彻悟一心，圆修万行，日行一百八十件佛事，夜往别峰，行道念佛。深恐后世学者不明宗要，特作一《四料简偈》俾知所趣，其偈曰：

'有禅有净土，犹如带角虎，现世为人师，来生作佛祖；无禅有净土，万修万人去，若得见弥陀，何愁不开悟；有禅无净土，十人九蹉路，阴境若现前，瞥尔随他去；无禅无净土，铁床并铜柱，万劫与千生，没个人依怙。'此八十字乃如来一代时教之纲要，学者即生了脱之玄谟。" 印光大师把佛教五宗，即律、教、禅、密、净，概括为禅、净二门，且以"净"为目的，以"净"为皈依，契合《心经》心无罣碍，得般若波罗密多三藐三菩提的趣旨。

（九）

佛教对代县的影响是巨大的。一直到现在，代县境内分布的佛教寺庙都比较多。比如，坐落在代县城南20公里天台山沟掌里的赵杲观，创建于北魏太延年间，即公元435—440年，距今有1600多年的历史。它以形态各异的洞窟构建为主，素称"天台十八洞"，有幽、绝、奇、险、妙、博、美七称。也是佛道合一的古刹，展现出中外文化的统一，被历代称为"代郡第一景"。现为国家级森林公园、山西省重点风景名胜区、山西省重点文物保护单位。这里的历史文化信息博大精深，需要好好保护和研究。赵杲观寺观分南、北两个部分，被称作"北洞"和"南洞"。

北洞为主要建筑群，景点有弥勒洞、朝元洞、九仙洞、仙阁登云洞等。弥勒洞位于山门上林荫道中200米处。洞府位于悬崖峭壁之上，前建三大两小殿宇，内塑弥勒佛像、四大天王像，弥勒佛坐于莲花宝座上，袒胸露乳、格外洒脱，为朝山第一洞天。朝元洞依崖洞而建殿宇，门额题"朝元洞"，这里是赵杲观的主要景点和标志性建筑。朝元洞共七层，洞门正对应在山壁间下的长三角石缝，整个建筑下有砖筑两叠，上有木楼五层，整体呈宝塔形，渐上渐缩，巧妙地镶嵌于峭壁间一道天然石洞山缝中，楼脊直插悬崖峭壁，形成山岩抱裹着寺观，寺观点缀着山岩，互为衬托，相映生辉，造型格外独特奇异，真有"天设地造，唯我独尊"的气韵。洞内依次塑有弥勒佛、如来佛、玉皇大帝、玄天上帝、接引佛等诸佛像。索链攀环而上，攀到第三层开始有木梯可供攀登，到顶层爬出洞口，遥望山色苍茫，顿生置身蓬莱之感。九仙洞位于朝元洞东北200米处。阁嵌岩穴，摩天凌云。洞内塑春秋战国时代王九女像，洞外楼阁塑赵杲像，因距窟顶仅寸许，故有"赵杲观离天二指半"之说。所塑九女，其中八位形同孪生姐妹，一样俊美一样妩媚，只有一位凝眸回视，稍作愁容，似有缺憾，相传这是代王的第九个女儿。赵杲怕她思凡心切，重返人间，惹出祸端，便终日坐于洞口严加看守。九女各执乐器，据说曾有留宿者，夜夜听到洞中歌声，婉柔飘缈，似倾似诉。仙阁登云洞，位于九仙洞西北侧的悬崖峭壁间，是赵杲观最奇特、险要的建筑。高阁临空，叠楼三重，悬匾"横空出世"，整座楼阁前建殿宇，后依石洞，楼檐与石洞相配，木石结构巧妙地结合在一起，真可谓巧夺天工。上层三清洞塑太上老君、元始天尊、通天教主三像。中层塑关帝像。三清洞上下无栈道，壁间有十数丈像蟒蛇一样的铁索，供攀缘而登楼，名为"仙阁登云"。欲登者需手脚并用，引身而上。行至半山腰更有凸岩盖板，此处铁索乍然悬空，需猛力荡环，才能向上攀爬。登上楼阁，凭栏下看，仿佛人间天宫，仙阁胜境，此时的感觉已进入"会当凌绝顶，一览众山小"的意境。下了阁，浑身轻松，回想刚才登楼阁的玄、险、奇、绝的经历，真有不虚之行之感。另外，北洞景区还有支腰石、碑林、老祖洞、药王洞、药王庙等胜景。

南洞部分在山南半壁间，亦为天然石洞。石窟外加筑殿面三间，内塑观音菩萨、文殊菩萨、普贤菩萨及十八罗汉像，墙嵌观音救难的石刻画像八块。南洞下为禅房三间，内通石洞，名"自在庵"，另有"罗汉洞"、"滴水洞"、"李仙洞"等景点。整个赵杲观依岩建寺，巧夺天工，独具匠心。夏秋时节，林木葱茏，山花烂漫，溪水潺潺，百鸟争鸣，诚如古人所称："洵代郡之胜境，人间第一蓬莱也"。据说，这些年韩树平先生投入巨资，一直在恢复性修复赵杲观古迹及景区，诚乃一大功德也。

再如，代县城内的天宁寺，位于代县鼓楼东北，是唐代建筑，即公元634年创建，"文革"前尚存寺院部分建筑，现仅存遗址。据明施重光《代州志》记载："天宁寺，在城北门街，唐贞观十七年建，甚巨丽"。据说当时占地十二亩八分，有前后三院。明代州西关人，天顺乙卯举人王钥曾有诗咏《天宁寺》。现在天宁寺在代县的人们中还流传着两个故事。一是，天宁寺匾的传说：相传，某代，天宁寺修建，工匠们把什么都弄好了，但一看，却少一块寺门牌匾，但是时辰马上就到了，大家都非常着急，这时来了一个游方僧人，此僧刷刷写好寺匾，救了一急。这时，代州州官巡视至天宁寺前，见庙门新匾，墨迹未干，急招主持询问，匾为谁书？主持回答，系一游方僧所书。州官问，此人何在？回答，一早往雁门关去了。州官让主持速速派人去追赶，并言此僧不出十里即亡。主持赶忙派人去追赶，结果为时已晚，该僧已亡于八里处道旁。因此地恰好是天宁寺田庄，为纪念此僧故名八里庄。原来，州官从墨迹看出，此僧倾全身心血于一书，匾成，心血已耗尽。所以，世传："入木三分精血枯，字如其人天宁成"。二是，天宁寺"活罗汉"的传说：天宁寺藏经阁下正殿内塑有十八尊罗汉，高五尺，体态各异，特别是面貌表情各尽其妙，颇为传神。尤为一绝的是，殿门西侧云端中一尊黄衣金身罗汉，面色黄中带黑，法眼外凸，慈祥和蔼，游人无论从什么方向看，都好像罗汉在直视游人，洞彻心底，顿使人心生慈祥和尊敬，堪称天宁寺泥塑艺术一绝，因此州人皆称其为"活罗汉"。

再例，代县东章观音寺。东章观音寺，位于代县县城东8公里处的东章村。东章，原名东张，据说凤游山旁，向东张望，名曰东张，东章村南依香炉山，北临滹沱河，山清水秀，风景秀丽。东章观音寺创建于唐开元神武年间，寺庙已毁于"文革"期间，现有庙宇三间，为近年村民补建，唐代遗物现存观音寺石灯台一座，属珍贵文物，现存于代县边靖楼。另有唐代柏抱榆一株（原有两株，另一株毁于"文革"后期），属县级文物保护单位。柏抱榆树高五丈左右，围约三人合抱，古柏中裹抱古榆，柏榆盘根错节，擎天捧日，龙干虬枝，枝叶交织，远望：云冠巍峨，华盖翳日。近观：躯干嶙峋，敧枝遒劲。东章观音寺乃远近闻名一古刹。

说到观音庙，特别值得一提的是，代代相传，并与我们代州有特殊渊源的观音菩萨，或称观世音菩萨，准确的叫法并不叫观音菩萨，或者观世音菩萨，而应叫观自在菩萨。据说，玄奘在乌苌国的寺庙里看到了一尊佛像，这尊佛像音译过来叫阿缚卢枳低湿伐罗菩萨，阿缚卢枳低湿伐罗菩萨，即观自在菩萨。《大唐西域记》记载："唐言观自在，合字连音，梵语如上。分文散音，即阿缚卢枳多，译曰观，低湿伐罗，译曰自在。旧译为光世音，或云观世音，或观世自在，皆讹谬也。"这段的意思就是说，玄奘说这尊像叫"观自在"，在此之前大家都叫它"观世音"是错误的。正确的叫法应该是"观自在"，也就是说要观照和领悟自在本身这种最深刻的本质。阿缚卢枳低湿伐罗，乃是Avalokitesvara的音译，这个词语由Avalokita(阿缚卢枳多，义为"观")和Isvara（低湿伐罗，义为"自在"）两个词复合而成。根据梵语文法，前一个词的最后一个字母"a"和后一个词的第一个字母"i"，连在一起必须读"e"。据钱文忠先生在《玄奘西游记》考证："看来当时翻译这个名称的人梵文不好，读错了两个字母，把梵文Avalokitesvara看成了Avalokitasvara，而"Svara"就是"声音"的意思，于是就翻译成了观世音。"也就是说，一千多年来我们汉族的佛教徒读的是一个错误的名字。可是，习惯的力量实在是太强大了，就连玄奘如此高的权威都没能把约定俗成的这个错误改正过来。

但又为什么说观音菩萨与代州有特殊渊源呢？据浙江南海普陀山有关资料记载，普陀山供奉的第一尊观音菩萨像，是唐咸通年间，日本僧人慧锷从代州境内的五台山，请得观音佛归国，途经莲花洋，三次触礁受阻，于是由潮音洞旁登岸，在当地张姓居民住宅供奉建寺，是为普陀开山供佛之始。此尊菩萨现供奉在普陀山紫竹林和潮音洞旁的"不肯去观音院"，香火最旺盛，为普陀山观音菩萨道场开山第一寺院。

另外，代县佛教寺庙还有州城西关的极乐寺、县城东南街的慈云庵、东若院的洪济寺、西若院的龙岩寺、中解村的洪福寺、七里铺村的柏林寺、上曲村的观音寺、新庄村的法雨寺、黑山庄村的黑山寺、峨口的东西寺、正下社村的普照寺、富村的龙华寺等。总之，代州从两晋开始，到南北朝，到唐宋元明清、到民国年间，佛教普及城乡，寺庙遍于全境，佛教对于代县的影响是巨大的。遗憾的是由于受战争、兵火、自然破坏，特别是"文化大革命破四旧"的破坏，有的寺庙所剩规模很小或被其他占用，有的仅剩遗址了。近年来，代县县委、县政府高度重视历史文化古迹，加上民间自发的力量，一些文物古迹正在逐渐修复，相信不久的将来，代县文物古迹将重现昔日辉煌，为代县经济文化的发展再放异彩。

"丝绸之路经济带"建设与忻代经济转型发展的若干思考

王明星

摘要： 习近平总书记提出的"丝绸之路经济带"构想是新时期提出的新的国家发展战略，其目的在于充分利用全球政治、经济、军事等格局发生深刻变化的历史机遇，开创国内沿海和内陆、发达与不发达地区共同发展，逐步趋于平衡的经济新格局。对忻州市这样长期发展传统资源采掘业、资源加工业等行业，处于现代工业产业链下游的区域经济，进行转型升级，实属处于一个相对不利的地位。为此，对忻州未来的经济发展提出三点建议：第一，转化资源利用观念，逐步形成凸现地域特色的文旅互动产业链和产业品牌；第二，在经济转型发展上，占领长久发展的制高点，调配城市空间布局，构建北中国文化创意产业博览、交易、物流综合体和民间艺术之都；第三，抓住国家经济转型升级的有利时机，从综合目标的角度创新区域现代农业发展模式，逐步培育发展现代农业全景产业价值体系。

关键词： "丝绸之路经济带"、忻州、代县、经济转型、文化产业

一、对"丝绸之路经济带"国家发展战略的释悟

以习近平总书记为首的新一届中央领导集体面对复杂多变的国内外政治、经济、文化、外交环境和国家安全发展的战略格局，科学决策，沉着应对，以坚定的科学发展理念和高超的全局驾驭能力制定发展战略。其中，最为代表性的是依托古代中国"丝绸之路"，进行经贸、文化交流的传统，提出"丝绸之路经济带建设"和"共建21世纪海上丝绸之路"的战略构想。具体提出的时间地点分别是：2013年9月6日，习近平在哈萨克斯坦访问时，发表了题为《弘扬人民友谊 共创美好未来》的重要演讲，在此提出"丝绸之路经济带"的战略构想和建设路径，"即以点带面，从线到片，逐步形成区域大合作，实现'五通'，具体为：政策沟通、道路联通、贸易畅通、货币流通、民心相通。"2013年10月，习近平主席在出访东盟国家时提出："中国愿同东盟国家加强海上合作，发展海洋合作伙伴关系，共同建设21世纪海上丝绸之路"。2014年3月，全国"两会"期间，李克强总理在《政府工作报告》中介绍今年乃至今后一段时期的重点工作时指出，将"抓紧规划建设丝绸之路经济带和21世纪海上丝绸之路"。

本来，"丝绸之路"和"海上丝绸之路"均是历史现象和学术概念，前者特指从西汉张骞出使西域开辟的以长安为起点，历经2000多年的多条陆路进行中西贸易、文化交流通道；后者特指西汉以来经由中国南海进行的海上贸易、文化交流通道。这两个学术命题经国内外一个多世纪以来的不断深化研究，产生了汗牛充栋、数不胜数的学术成果，其深远的历史文化价值和现实意义，已引起国内外诸多学界、政界和国际组织的长期关注，中国诸多省市政府和国家文化部已筹备多年，准备联合其他国家向联合国教科文组织申报这两条"丝绸之路"为世界文化遗产。同

丝绸之路经济带与古州雁门

时，在新形势下提出，与国内外诸多国家政府组织进行"丝绸之路经济带建设"的新的联合发展战略。因篇幅和研究的内容、主题等限制，本文主要以古代陆上丝绸之路引申出的"丝绸之路经济带"建设为主要研究对象。且看下面一些省市的动作。

自2013年9月，习近平主席访问中亚诸国提出建设"丝绸之路经济带"的构想后，陕西、新疆、甘肃、宁夏、四川、江苏、广东等全国许多地区都迅速行动起来，确定本省、区在该国家发展战略工程中的定位，召开论坛、研讨等会议，打开通往中亚、俄罗斯的铁路运输，纷纷筹备赴中亚国家的经贸考察等等。西安是古丝绸之路的起点，在丝绸之路经济带上，陕西的定位是"开好头"，建设丝绸之路经济带的新起点，促进陕西抓住外向型经济发展的重要机遇，作为中国与亚欧合作的承担地和聚合点；新疆则将自己定位为丝绸之路经济带的"桥头堡"，希望借助这一东风，实现跨越式发展和后发赶超。其中，乌鲁木齐要努力打造"丝绸之路经济带"重要的交通枢纽中心、商贸物流中心、金融服务中心、文化科技中心、医疗服务中心；甘肃提出将自身打造为"丝绸之路经济带"的黄金段，走高质量、高效益的发展新路，并拟从2014年7月起将兰洽会更名为"首届中国丝绸之路博览会暨第20届中国兰州投资贸易洽谈会"；陕西、重庆、广东等省都迅速打通了向西直达中亚，并延伸至俄罗斯的铁路运输；江苏连云港作为新亚欧大陆桥的起点，并借哈萨克斯坦寻找出海口的契机，也积极参与到"丝绸之路经济带"的建设中来。由此，全国各方面、各领域的专家、学者关于"经济带"的论述也纷纷面世。

我们以为，"丝绸之路经济带建设"和"共建21世纪海上丝绸之路"，是习近平为首的党中央，在总结改革开放30多年来发展的成功经验，分析了进入新世纪第二个10年国内外经济发展的格局，包括对以美国为首的"亚洲再平衡战略"和日本、菲律宾等国对待我国的"南海问题"、"钓鱼岛和东海问题"等等，在针对国家政治、军事、国防、经济、文化等一系列国家核心利益如何保护、如何发展的战略前提下，在既保持长期以来形成的以东南沿海发达地区改革开放为主趋势，同时又逐步使得国内东、西两部分发展逐步平衡，充分利用上海合作组织和我国内陆周边国家，包括俄罗斯等国逐步形成的新的友好态势的外部形势。2014年7月29日，习近平总书记主持召开中共中央政治局会议，提出："坚持把改革放在重中之重位置，坚持问题导向，围绕稳增长、调结构、惠民生、防风险，加快推进改革，激发市场内在动力和活力。"这是对下一步全面深化改革工作进行的一个总体具体部署。在这样的发展背景下，诚如2014年8月14日新华社记者的述评，以习近平为首的新一届党中央，在深刻洞察国内外大势的基础上，准确把握经济发展大局。我国经济社会发展基本面长期趋好，但正处在从高速到中高速的"增长速度换挡期"、"结构调整阵痛期"、"前期刺激政策消化期"的"三期叠加"阶段，瞄准"经济发展、结构调整、民生改善、风险化解"等多重目标，把握大势，保持定力而提出的新的国家经济发展战略。

"丝绸之路经济带"的提出，标志着我国进入了一个蕴含着不断创业、进取、开拓、创新经济的新世代，具有创造活力的文化精神和文化交流将构成"丝绸之路经济带"建设的一个基本特点。这条经济带不论是在国内还是国外，必将形成以铁路为主体、海、陆、空、管道运输，光缆通讯配套的新型现代化、立体化的，连接国内、国外乃至亚欧两个大陆的海陆国际经济联运通道、文化交流的通道。在21世纪，人类的经济和文化活动空间将不再为海洋所隔绝，也不再为高山和荒漠所困扰，横跨洲际的高速铁路、高速公路的畅通，为新兴人类的社会生存、发展、繁荣、发达，开辟出辽阔无垠的新天地。

"丝绸之路经济带"的提出，其意义还在于可以开创内陆和沿海共同发展，更加平衡的新局面，使得国内中西部地区一跃而成为对外开放的前沿。填补中西部地区与东部地区经济发展不平衡的短板，成为国内十二五、十三五时期经济稳增长的一个强有力着力点。同时，还有利于我国区域经济实现产业升级。通过依托沿线交通基础设施和中心城市建设，以交通通道的开拓为发展空间，为域内贸易和各类生产要素重新进行优化配置，促进区域经济更新一体化，实现中西部区域经济、文化和社会的跨越式繁荣发展。

　　可以说，建立"丝绸之路经济带"是一个多赢的国家发展战略构想，意义极其重大。有关经济研究表明，交通基础设施的投资通过空间溢出效应，可以有效促进区域经济增长。由于多种原因，交通基础设施落后一直是制约我国西部地区经济发展的瓶颈，因此人均收入也和东部地区相差较大，"丝绸之路经济带"建设无疑填补了这一区位空缺，中西部地区可借此成为连通亚太经济圈和欧洲经济圈的桥头堡，这将有助于缩小西部与中部、东部地区的经济差距，有利于推进西部大开发。在当今世界经济深度调整、中国经济转型攻坚的背景下，建设"丝绸之路经济带"极其有利于中国经济结构调整和经济协调发展，有望成为中国新的经济增长点。同时在国际经济活动中有利于人民币国际化，有利于促进区域内经济发展、政治信任、文化融合，其将连动亚欧涵盖30亿人口的巨大市场，惠及世界将近一半的人口，可以说是中国面向21世纪，整合世界经济的庞大战略计划，辐射太平洋沿岸至波罗的海之间的亚欧大陆，与其经济活动产生强烈的"共振"，使全球经济格局随之发生变化，开创内陆和沿海、发达与不发达地区共同发展，逐步趋于平衡的经济新格局。

二、对忻州经济发展的审视与展望

不可否认，"丝绸之路经济带"建设是一个历史机遇，山西乃至忻州如何利用好这一机遇呢？内部而言，包括发展区域经济面临的主要问题，区域内的各种生产要素和资源配置，当地民众对这一地域经济发展的核心需求以及这些年来历届党委、政府为当地发展所积淀下的可以再利用的改革红利和历史遗产；外部而言，主要指国家政策、国内外其他地区民众对这一地域的了解关注和各种消费层面上对忻州产品的经济购买力。

根据全国第六次人口普查（2010年11月1日零时为标准）结果数据显示，忻州市全市常住人口为3067501人，同第五次全国人口普查（2000年11月1日零时）的2938344人相比，10年共增加129157人，增长4.4%，年均增长率为0.43%。全市常住人口中，具有大学（含大专以上）程度的人口为201531人，具有高中（含中专）程度的人口为409656人。忻州政府门户网显示，2011年3月总人口310万，其中农业人口215万。

再看忻州市人民政府门户网站上忻州概况：

忻州属欠发达地区，全市有11个国家扶贫开发重点县。但其资源密集、品位较高、开发潜力巨大。已探明储量的矿产达50余种，其中煤炭800亿吨，占全省的13%；铝土矿2.5亿吨，占全省的27%；铁矿18亿吨，占全省的48%；金矿1.9万公斤，占全省的74%；钛矿7600万吨，为全国第二大矿床。依托丰富的能源矿产资源，全市初步建立起煤炭、电力、冶金、化工、装备制造等工业体系。煤炭资源整合后保留矿井81座，产能9496万吨。电力装机容量529万千瓦，按规划全部建成后可达1800万千瓦。铝工业已建成200万吨氧化铝生产基地，正在推进100万吨氧化铝和60万吨铝型材项目。忻州地形高差悬殊，气候多样，素有"杂粮王国"的美誉。依托特色农业优势，全市正在扎实推进现代农业试验区、雁门关生态畜牧经济区、优质杂粮经济区建设，努力打造全省特色农业大市，力争跻身中国绿色食品之乡。

进入新世纪以来，忻州市委、市政府围绕"煤电铝、林草牧、山水美"三大优势产业，紧紧抓住原材料、燃料和铝铁等矿产品市场坚挺的机遇，全面实施"创造优良环境、重点项目带动、壮大民营经济、开放引进发展"的四大战略，大力弘扬开拓进取、求真务实的精神，有力推动着全市经济告别贫穷、奔向富裕。近年来，神华、华宇、华电、华能、晋能、省国电、省地电、潞安矿业集团等一批大企业落户忻州，带动了忻州迅猛发展。

2013年地区生产总值完成654.7亿元，增长9%，固定资产投资完成815.2亿元，增长24.8%，社会消费品零售总额完成246亿元，增长14.2%，公共财政预算收入完成73.7亿元，增长13.1%，城镇居民人均可支配收入20324元，增长9.9%，农民人均纯收入5426元，增长13.6%（摘自2014年忻州市政府工作报告）。应该说近十年来，忻州正成为投资的一方热土。

还有一个基本数据，忻州市沙棘分布面积有100多万亩，占全省的五分之一，全国的十分之一，是全国主要的沙棘资源产地。但是，全忻州沙棘产业的产值是多少？如果每亩产值1万元，应是100亿元；如果每亩产值是10万元，应该是1000亿元。打对折也是50亿~500亿元的产值。

而在门户网站上忻州概况内容中，对忻州的文化资源以及文化产业、现代服务业的发展几乎未提。《忻州市的十三五国民经济与社会发展总体规划》还没有编制完成，和大家一样，在门户网上还看到的有：《国家创新驱动发展战略忻州行动计划（2014—2020年）》，里面主要内容可看到：

一、行动纲领和目标

到2020年，构建较为完备的区域创新体系，创新型忻州建设取得显著成效。

二、重大创新工程

（一）创新园区建设工程

1.围绕重点产业链部署创新链。

2.构建全程化科技服务链。

3.创新体制机制和政策。

（二）低碳创新发展工程

1.加快"气化山西"建设步伐。

2.实施低碳科技创新专项。

3.推进产业减碳、企业低碳和低碳社会建设主题计划。

（三）技术转移促进工程（略）

三、企业技术创新主体建设行动

（一）深化大中型企业研发活动

（二）加强高新技术企业培育和认定

（三）培育科技型小微企业

（四）组建产业技术创新战略联盟

四、重点产业创新行动

围绕传统产业改造升级和新兴产业培育壮大的发展需求，组织引导以企业为主体的产学研共同体联合攻关，开发具有重大影响的关键共性技术和产品，搭建创新平台，培育创新团队，建设产业化示范工程和基地，全面提升产业创新能力和竞争力。重点推进创新的产业有：煤炭及煤层气、电力及新能源、新材料、装备制造、节能环保、现代农业、生物医药、文化旅游等八个行业产业。

坦率地说，这个"行动计划"，看到的基本上还是在传统的资源采掘、加工和制造业上做文章、打圈圈，而真正具有发展潜力的服务业、文化产业和现代农业则笔墨不多，或者是几笔带过。

丝绸之路经济带与古州雁门

在未来的10～20年，中国必有两个国家经济发展长期战略行动，一是环保，治污、减排、低碳，为此投入大量的资金，并且改造中国的能源使用性质，将以煤炭能源为主转为以油、气等清洁能源为主；二是新型城镇化，最近的户籍化改革就是明证。到2011年12月底，我国的城镇化人口达全国总人口的51.3%，以后每年增加一个百分点，到2040年左右，城镇化人口达到全国总人口的80%左右。前者，导致许多资源加工型区域的经济必须转型发展；后者，则给许多文化资源丰厚、农业资源独特的区域以及发展文化创意产业和现代农业尤其是食品加工业以新的发展机遇。我们说，无论是发展现代工业、现代农业、现代服务业还是文化产业，都需要有对应的资源和生产要素组合和配置。忻州30多年来，尤其是这10多年的发展，都充分说明：全市初步建立起煤炭、电力、冶金、化工、装备制造等工业体系。但从另一方面来仔细分析，会发现忻州在未来的5～10～20年间，其现代工业的发展是极其受限制，并有多重瓶颈在制约。首先，忻州发展的是煤炭、电力、冶金、化工、装备制造等工业，这些行业基本属于现代工业产业的上游产业，它时时刻刻受着中游、下游产业发展的制约，而中下游的这些相对而言的高附加值产业又受到市场即消费者的影响和制约，这已经使得忻州的工业产业发展处于极其不利的地位。

我们仔细阅研了《忻州市国民经济和社会发展第十二个五年规划纲要》。按照规划预计2015年实现地区生产总值1000亿元以上，年均增长15%左右，按翻番的目标也应该达到875亿元。实际情况到2013年止，地区生产总值达到654.7亿元，仅勉强实现了翻番目标的75%（应为656.25亿元），在剩余的2年达完成翻番的目标，恐怕难以实现。由此，我们分析：忻州再继续走传统工业化、传统现代化的老路，其发展道路恐怕是难以行通的。其中城镇化率要从2010年的37.86%增长到2015年的48%，其需增长10.14个百分点，一年平均增长2个百分点，恐怕也是达不到的。其实到2020年，达到48%，即接近一半的人口为城镇人口也是不错的成绩。老百姓到城里生活、吃饭、住房都要比农村贵许多，他们一定是需要有收入，干什么呢？应主要从事服务业，但我们服务业的比重2010年至2015年预计只增长0.6个百分点，从44.4%增长到45%，我们的各级领导只希望老百姓到城里吃住，却没有具体筹划安排什么营生叫他们干，这样，他们在城里是待不下去的、待不长久的。

在十二五规划纲要的第三章，优化生产力布局。第二节推动投资结构优化，推出要重点打造十大省市级工业示范园区，不知现在投资打造的如何？但要问的是，我们是否有这么大的市场来消化这十大园区的工业产品。

在十二五规划纲要的第四章，构建现代产业体系。第二节改造提升传统产业，依然是煤炭工业、电力产业、冶金工业、煤化工业、装备制造业等5个行业，问题是是否能改造好，而且等到改造好以后是否有市场？第三节规模发展新兴产业，新兴产业一：新型材料工业，主要是水泥、建材、陶瓷等，这些市场是不看好的；新兴产业二：分别是绿色农牧产品加工业，从市场来看是有希望的，不知结果如何？新兴产业三：战略性新兴产业，包括新能源产业、节能环保产业、生物制造业，这三个产业都是投入资金比较多，技术含量比较高、人才素质要求比较严，恐怕短期内不一定能够取得非常好的、非常快的效果。

第四节大力发展现代服务业。主要发展旅游业和现代物流业以及现代金融业和其他服务业。其中就旅游业部分，提出要积极推进文化旅游产业市场化、规模化、集团化，提高城市旅游承载能力……全面建成"五区一线"精品旅游格局，建设全国知名的

丝绸之路经济带与古州雁门

北方生态休闲避暑胜地、全国新兴旅游热点和三晋特色文化旅游目的地……筹建和组建五台山、芦芽山两个旅游集团公司并力争上市，推动旅游业在更大范围、更宽领域和更高层次参与国际国内合作竞争。就现代物流业部分提出：立足全省建设中西部现代物流中心的战略定位，以建设立足区域、面向周边、辐射全国、走向海外的特色物流基地为目标……围绕区域内重点工业产品流通体系、大型市场和连锁经营、农村生活消费品、农业生产资料和农副产品、粮食储备流通体系等领域，规划建设六大物流集聚区、二十个区域性大型物流园区和150个左右各具特色的县城物流中心项目或专业物流配送中心。就现代金融业部分提出：建设多层次的金融市场体系，使忻府区成为全市金融机构集聚中心、金融创新和市场交易中心、金融服务中心，利用金融手段推动市域经济快速、健康发展。就其他服务业部分提出：拓展与提升交通运输、科技服务、信息产业、现代会展、中介服务等生产性服务业，培育和丰富商贸流通、餐饮、酒店住宿、房地产、文化娱乐、体育健身、社区服务、市政公共服务、农村服务、服务贸易等消费性服务业。大力发展市域服务业、加快配套服务业向农村地区倾斜，到"十二五"末，全市初步形成与主导产业和区域功能定位相适应的服务业发展格局。

这一部分规划的比较好，也符合现代社会区域经济发展的常识和规律，但其具体的步骤、措施并未详尽提出，故其实现的可能性和比率是多少，则难以确定，但总体而言，5年时间内服务业不会仅仅增加0.6%，其对区域经济发展的贡献率，可能有些过于低估。

总体而言，就国际、国内经济形势而言，欧美西方发达国家经济还在谷底徘徊；国内经济按新华社记者述评而言，2014年乃至今后一段时间均是处于从高速到中高速的"增长速度换挡期"、"结构调整阵痛期"、"前期刺激政策消化期"的一个"三期叠加"阶段。这样，对忻州市这样长期发展传统资源采掘业、资源加工业等行业，处于现代工业产业链上游的区域经济，进行转型升级，实属处于一个相对不利的地位。

三、区域经济转型升级与文化产业发展的若干思考

忻州所处的地理位置：北倚内长城，与大同、朔州为界，西临黄河，与陕西、内蒙古相望，东傍太行山，与河北接壤，南抵石岭关，与太原、阳泉、吕梁毗邻，京原、北同蒲以及即将开通的大（同）西（安）高铁纵贯全境。自古以来是兵家必争之地，商贸（古丝绸之路暨晋商通往内外蒙古和俄罗斯）通行不能回避之路，也是中国古代历史上三大迁徙移民（走西口、下关东、闯南洋）运动的发源地之一，是中原农耕文明与北方草原文明的交汇之地，境内各历史朝代的长城总计超过1000公里，雄踞长城的雁门关、宁武关、偏头关深深地影响着中国农牧两大文明历史的发展历程。用陈义青部长主编的《走进忻州》一书所言："独特的地理形势和生存环境，悠久的历史传承和文化熏陶，铸就了忻州人重义、求新、崇文、尚武、勇于担当、敢为人先的秉性，也赢得了'文跻九原，雅出秀容'、'南绛北代，忻州也不赖'的历史美誉。"全市拥有世界文化景观遗产1处，国家历史文化名城1座，现存有不可移动文物3800余处，属国家、省、市、县文物保护单位的有600多处，国家、省、市级非物质文化遗产共50余项，各类文化旅游景区景点294处。

交通设施方面，以五台山飞机场、大西高铁、忻（州）五（台）保（定）快速客运、五保高速、灵河高速等大型交通项目建设为契机，到2015年全市境内"三纵二横一环"的高速路网全面建成，可以实现大部分县通高速公路；铁路方面，实现全市境

内南北通高速铁路；航空方面，有太原、五台山两个机场可以利用，形成现代的综合立体交通网络。

忻州市驻扎地忻府区总面积1954平方公里，现有人口51万人。正在规划建设的云中新区，规划总面积24.6平方公里。2014年3月25日，市委市政府召开2014年忻州城区道路建设工程开工仪式。郑连生市长讲到："今年我市第三个'大干城建年'的目标是改造南北主轴，贯通东部出口，优化城区循环，提升路网功能，强化城市管理，奠定创卫基础。重点是实施'8+22'道路建设与改造工程，即完成七一路、云中路等'四纵四横'8条主干道建设改造任务；健康街等22条次干道、支路建设任务；30条道路总长度为53.68千米，工程总投资16.16亿元。全部工程将于今年后半年陆续完成。"忻府区地标性建筑群忻州文化广场，占地总面积674亩，总建筑面积19.68平方米，总投资12亿人民币。文化广场分为艺术中心、文化中心、体育中心三个区域、涵盖国际影城、大剧院、体育场馆、科技馆、图书馆、博物馆、档案馆、规划展示馆等场馆所，包括了科学探索、儿童娱乐、教育培训、群艺表演、健身中心、文化会所、艺术沙龙等主题功能，致力于成为以文化广场为全市区域文化总部基地，并逐渐向忻州及周边地区拓展的公共文化事业与文化产业融合发展的标志性品牌。

在国家级主体功能区定位上，忻州地区的功能定位是，资源型经济转型示范区，全国重要的能源、原材料、大米、化工、装备制造业和文化旅游业基地。其发展方向是，以忻州市忻定原城镇组群，辐射构建太原城市群"一核一区三组群"的城市空间格局，提升太原都市区的集聚功能。把忻州市主城区忻府区加快建设成为全省具有影响力的区域性中心城市，全力推进忻定原城镇组群成为太原都市圈发展的重要支撑。大力发展现代服务业和高新技术产业，加快产业绿色转型、强化科技、教育、金融、商贸、旅游服务等功能，提升城市人民生活和环境质量。

在当今中国经济的发展中，投资是主驱动力，从经济贡献构成来看，国民经济的三驾马车"投资、出口、消费"日趋处于不平衡状态，即中国经济存在"日趋严重的、内部失衡和外部失衡"现象，前者是指储蓄率和投资率过高、消费率过低；后者则是指国际收支盈余过大，出口产品成本增强，人民币升值压力剧增。而这现象的根源，用著名经济学家吴敬琏先生的话讲，在于"中国粗放的经济增长方式，这种从苏联学来的增长模式的古典状态，是靠高额资源投入，特别是高额投资来支持经济增长的"。这种高投入的增长方式给中国经济的可持续发展带来了诸多弊端，扩大消费，推进经济由投资驱动向创新驱动转型，不但是中国经济的长期发展目标，也是目前各地区实现转型升级和经济新增长的当务之急和战略抉择。

在创意产业经济中：主体资源是指人类自身积累的无形知识和财富，包括人类本身的创造力资源以及由人类创造出来的一些非物质成就，如文化遗产、精神思想和技术成果等；客体资源是指由自然界赋予的有形物质资源，如矿藏、土地等，以及人类开发利用后的一些物资载体资源，如厂房、耕地、能源等。在全球性竞争日趋激烈、资源环境约束日渐增强的背景下，地方城市和区域要从主要依赖传统资源也称自然客观资源的发展转向开发现代资源即人类主体资源的发展，从主要依赖有形的、物质性硬要素转向充分利用无形的、文化性软要素的发展，它既是推动城市复兴和再生的一种发展模式，也是实现地域经济转型和可持续发展的一种转型战略。

令人欣慰的是，在忻州市所辖的县级区域，已有迈出可喜步伐的先行者。

忻州市管辖12县1市1区共14个县级区域。其所属的代县总体情况是：全县总面积1721.5平方公里，总人口21.5万，现辖6镇5乡377个行政村8个居委会。代县古称雁门郡、代州。其北为恒山全脉，南为五台山麓，滹沱河水由东向西横灌全境。近年来，正从文化旅游资源名县向文化旅游强县迈进，全县实施"一心四线"的旅游发展战略。具体为，代州古城是全县旅游的心脏和枢纽，赵杲观生态道教文化景区，白人岩禅寺佛教文化景区，雁门关边塞文化景区，杨家将故里景区，共五大景区。峨口挠阁、雁门民居营造技艺入选国家非遗。全县还有历史文化遗址、遗迹444处，其中国保4处、省保8处、市保4处、县保108处，县委、县政府出面组建的雁门文化基金会，近年来扶持发展了杨氏古建、锦绣源刺绣、天顺昌泥塑、代州剪纸、张俊农民画等一批文化产业龙头企业。旅游基础设施和接待能力方面，目前有星级酒店5家、购物街1条、旅游表演团队3支、旅游演艺中心2个、旅游商店达30余家。2012年全县文化旅游产业增加值达12.6亿元，占GDP比重的23%，"名关、名域、名将"特色文化旅游产业的品牌影响力和核心竞争力正显著增强。2013年8月19日"第三届雁门关国际边塞文化旅游节"，围绕"边塞雄关、盛世雁门"这一主题，通过"雁门美食、农副产品、特色工艺品、演艺活动、游戏娱乐和互动体验"六大板块的集中展示，获得良好效益。2013年11月，投资3.8亿元历经5年奋战，全面修复明代雁门关雄姿的雁门关景区和代州古城古建筑群，双双荣获"中国传统建筑文化旅游目的地"称号。目前，代县形成以酥梨、仁用杏、优质大米、水果玉米、红芸豆和黄酒、咸菜等为主的特色农副产品加工业和以雁门关为龙头的边塞文化旅游业将与代县的铁矿及其附属产业三足鼎立、多元发展的县域经济格局。个别经营资源加工型行业的企业家，以敏锐的市场触觉转型升级，调头转向文化产业。如代县白峪里矿冶公司总经理韩树平投资1.5亿元开发国家级森林公园赵杲观、韩街民间艺术博物馆。2014年8月19日，忻州市委董洪运书记到代县调研时发现，代县盛兴商贸有限公司投资2.5亿元，购买以液化天然气为燃料的重卡汽车500辆，建设占地20亩的物流园区，项目建成后5年创税1亿元，带动1000多人就业；代县礼信橡胶科技科技有限公司以废旧轮胎为原料，公司建成投产后年可处理废旧轮胎4万吨，生产高品质混凝胶3万吨，成为华北最大、最先进的轮胎企业，实现产值6亿元，利税1亿元，提供就业岗位6000个；代县咸纳农牧科技发展有限公司，集10万吨反刍动物配方饲料的研发、加工、销售与850亩饲草种植，万只肉羊养殖于一体；代县顺峰供热有限公司也是一位铁矿老板投资的转型发展项目。这些转型项目运已取得或正在取得初步的成效。代县经济的转型、迈出的符合现代经济运行发展规律的先行之步，属于先行者、先驱者的一种勇敢探索。

为此，根据我们的思考，为忻州未来的经济发展提出以下三点建议：

第一，转化资源利用观念，逐步形成凸现地域特色的文旅互动产业链和产业品牌。

发展理念的创新是新兴经济发展区域和创意城市区别于传统欠发达区域或传统城市最显著的特征，发展思维的更新和观念的改变是现代经济长足发展获取竞争优势的核心要素。倡导单纯利用传统资源、客体资源到传统资源和现代资源、客体资源和主体资源共用，是区域经济和现代城市转型必须具备的创新理念。客体资源的利用是有限的，而主体资源的开发则是无限的。韩国政府曾提出"资源有限，创意无限"的口号，从发展观的角度看，主体资源的利用和开发是符合低污染、高产出、高附加值的科学发展观的。忻州地区最大的地域文化是中原农耕文明与北方草原文明的交汇之地，这里所蕴藏的主体资源非常多，其可挖掘的文

丝绸之路经济带与古州雁门

化创意也无限多。在现代社会发展中，谁占有资源固然重要，但资源转化能力是实现主体资源开发、市场出售、形成财富的更为重要的关键。如《花木兰》《功夫熊猫》的人物、动物原本是中国特有的文化和生物资源，但却被创造力强大的好莱坞所开发利用，成为美国人获取财富的资源。我们忻州旅游的主打品牌五区一线，还有很大的潜力可挖，还未形成极好的产业链和文化价值链，五台山景区现在每年只接待200多万游客，按现有的资源禀赋，每年增加100万～200万人，都是有可能做到的，这样，仅门票收入每年可增加1亿～2亿元，再加上《印象五台山》演出，吃饭、住宿、购物，5～10倍的溢出效应，也是有可能的。其他4大品牌景区，品牌知名度相对低一些，但做好市场营销，做好景区内部管理，也是可以产生更高的经济效益的。用董洪运书记的话讲："要坚持顶层设计，坚持重点突破，加大地方特色文化旅游产品的品牌化、产业化建设。"

第二，在经济转型发展上，占领长久发展的制高点，调配城市空间布局，构建北中国文化创意产业博览、交易、物流综合体和民间艺术之都。

忻州已连续进行了三个"大干城建年"，应该说整个地区的交通设施和城市基础设施得到了巨大的改变。忻府区人口从目前的50万，发展到100万乃至以上，它是需要文化产业、创意产业、旅游业、会展业、物流业、娱乐业、休闲业等一大批现代产业支撑的。我们的城市空间：新城、老城鲜明矗立，忻州"五馆一院"所组成的巨型文化广场、云中河景区、四桥飞架，都使得我们这座既古老又年青的城市融入了许多具有美学意义的文化艺术景观元素，问题是今后增加的50万人是什么样的人，他们谋生的工作是什么？显然，以我们长期的历史积淀和短期（近3～5年）的发展优势，需要的是现代文化产业的博览、经营、交易、流通，这既是经营产业，也是在经营城市。珠海市单年经营"国际马戏节"，双年经营"国际航展节"，加上每年固定的其他十余项文化、旅游、体育、艺术盛事，这些会展节庆的收入就占到全市文化产业的1/3以上。美国的小城圣达菲，它是联合国教科文组织成立的"全球创意城市联盟"（The Greative Cites Network）25个城市成员之一，以开发民间传统手工艺闻名而获得"民间艺术之都"的称号。其所有的新建筑都表现出西班牙风格，全部用泥坯建设、门窗装饰异常鲜艳，整个城市犹如一个巨大的艺术品，独特优美的城市景观吸引了来自世界各地的民间艺术家、设计师扎根，"圣达菲风格"已经形成了全球公认的艺术和工艺标准。目前，整个圣达菲有七万个团体从事文化、艺术和创意产业，文化产业每年在圣达菲的经济收益中占到40%。

第三，抓住国家经济转型升级的有利时机，从综合目标的角度创新区域现代农业发展模式，逐步培育发展现代农业全景产业价值体系。

随着科学发展观的贯彻、中国梦的逐步实现和经济转型、升级的逐步推进，农业技术的创新发展以及工业、农业与现代服务业的融合，现代设施农业、休闲农业、精致农业和生态农业等在我国发达地区的农村持续发展起来。此时，经济学家也开始从文化创意产业的角度、视角来认识创意农业。前全国政协副主席、中国创意产业之父厉无畏先生认为："创意农业应该不仅仅是指生产若干创意农副产品，而是要创新农业发展模式。通过构筑多层次的全景产业链，通过各种文化创意把文化艺术活动、农业技术、农副产品和农业活动，以及市场需求有机结合起来，形成彼此良性互动的产业价值体系，为农业和农村的发展开辟全新的空间，并逐步实现产业价值的最大化。"创意农业强化以自然、经济、社会共同发展的多元综合目标取代传统单一的经济目标。这些农业新生态通常以现代农业园区为载体，以追求高效农业为目标，强调的是区域农业生产力的提高、农产品品质的提升、农业生态休闲功能的拓展，其资源配置和规划建设以农业生产和农产品加工为核心，倡导通过释放文化生产力来发展农村，一方面将农业生产与地方自然、文化、社会等资源进行创意性配置组合所形成的创意农副产品；另一方面以农民为主角、农村为背景开展创意农业文化活动，在提高农民收入的同时提高农民的文化生活质量，同时还能够保护当地的历史文脉，弘扬当地的文化特色，在发展现代农业的历史进程中改变农业社会人们的生产方式、生活方式，重建人们的社会关系和社会结构。而所谓现代农业全景产业价值体系是指通过农业知识产权（商标、专利、品牌等）的反复交易，形成不同层次的产业体系，带动相关产业和整个区域的发展。因为创意产业具有很强的渗透性，能以多种形式与不同的产业相融合，形成以文化创意为核心的产业系统和价值实现系统，这将给农村带来新的区域品牌和系列衍生产业。

在《忻州市国民经济和社会发展第十二个五年规划纲要》中的"绿色农牧产品加工业"方面提出，要搭建"忻州国家农业科技园"和"绿色农产品基地"两大绿色农产品精深加工业发展平台；在14个县（市、区）集中打造农业综合产业区方面，要建设十大优势产业区（基地）和十二项重点建设工程，立足建设京津唐地区的"菜园子"、华北地区绿色农产品供应基地的发展目标，逐步落实"一村一品，一县一业"来推进优势产业。忻州还是我国著名的"小杂粮王国"，莜麦、荞麦、豆类等小杂粮种植面积很广，种类繁多、质量优良、加工饮食多样；同时在民间艺术方面，不仅是山西四大梆子之一北路梆子的发源地，是"二人台"和《走西口》的故乡，还是"八音之乡"、"中国北方民歌之乡"、"中国民间绘画之乡"、"中国民间艺术（剪纸）之乡"和称雄全国跤坛的"摔跤之乡",还有14、43、132项非物质文化遗产分别列入国家、省、市级遗产名录之中。只要我们将这些主、客体农业资源和文化资源经过创意的艺术点化,化腐朽为神奇、化平凡为高雅,就可以通过发展现代创意农业实现资源型贫困地区的转型跨越发展,逐步创造出高附加值的农产品,以此释放出现代农业的巨大的经济效益、文化效益和社会效益,从而使忻州地区跨越发展进入一个新的发展境界。

参考文献

1. 刘传武."丝绸之路经济带"需要我们做什么?百度文库,2014.1.26

2. 忻州市国民经济和社会发展第十二个五年规划纲要

3. 新华社.引领中国经济巨轮扬帆远航——以习近平同志为总书记的党中央推动经济社会持续健康发展述评,2014.8.14

4. 忻州市文化产业发展规划纲要(2009—2015年)

5. 国家创新驱动发展战略忻州行动计划(2014—2020年)

6. 2012年、2013年、2014年忻州市政府工作报告

7. 陈义青主编.走进忻州.山西经济出版社,2013

8. 代县地方志编纂委员会.代县志.北京书目文献出版社,1988

9. 杨继兴、韩树平主编.图说代县60年.山西人民出版社,2009

10. 王慧敏主编.文化创意产业发展路径——创新·集聚·融合.上海人民出版社,2013

11. 王慧敏、刘平主编.文化创意产业发展实践——转型·规划·策略.上海人民出版社,2013

12. 胡惠林.国家文化治理:中国文化产业发展战略论.上海

人民出版社，2012

13. [英]查尔斯·兰德利. 创意城市：如何打造都市创意生活圈. 清华大学出版社，2009

14. 王明星. 文化旅游：经营·体验·方式. 南开大学出版社，2008

15. 王明星. 绿色市场营销研究. 广东人民出版社，2002

16. 王明星主编. 区域旅游的理论与实践（二）——广东省肇庆市区域规划与旅游发展研究. 中国旅游出版社，2006

17. 张子康、罗怡、李海若. 文化造城：当代博物馆与文化创意产业及城市发展. 广西师范大学出版社，2011

18. 珠海市文化产业协会. 珠海文化产业第1—6期（2012—2014年），内部刊物

19. 曾书琴主编. 都市型现代农业的理论与实践. 中山大学出版社，2012

20. 厉无畏、王慧敏. 创意产业新论. 东方出版中心，2009

（作者系山西省代县人，广州仲恺农业工程学院岭南文化创意产业研发中心主任，都市农业研究院副院长，博士，教授，硕士生导师。）

历史上丝绸之路与山西

——兼论山西在中国丝绸之路经济带和海上丝绸之路发展战略中的地位与对策

高春平

丝绸之路，是中国古代一条横贯亚欧大陆，连接中外世界，贯通东西方文明的重要国际通道。近年来，中央把规划建设丝绸之路经济带和海上丝绸之路作为经济社会发展重大的国家战略。它东牵亚太经济圈，西系欧洲经济圈，被称为"世界上最长、最具有发展潜力的经济大走廊"。从国内发展看，丝绸之路经济带和海上丝绸之路，将打通一条连结海陆，贯穿东、中、西部产业链的经济通道；从国际视野看，则构建一个以中国为轴心，连接欧亚大陆的跨区域合作大平台、大走廊。无论对于中国的西部大开发、大开放、大发展战略，还是拓展中亚、西亚、欧洲的投资市场，文化、经贸的往来、合作、交流，都有着空前重要的战略意义。目前，西部数省都在纷纷借此寻求发展新机遇、新动力，把自己定位为新起点、黄金带、战略支点、桥头堡等。作为国家级转型综改试验区的山西省，在历史上与丝绸之路有无关联？更重要的是如何在当今丝绸之路经济带建设中找准焦距，定好方位，制定跟进发展战略，已经迫在眉睫。

一、山西曾是丝绸之路重要的东源地

素有"表里山河"之称的山西自古以来就是中原农耕文明与草原游牧文明的战略交通枢纽，也是东西方文化、中外物资交流的必经通道。在中西经贸文化交往中，有两条十分重要的通道。一是兴盛于汉唐的丝绸之路，二是晋商开拓于明清的万里国际茶叶之路。这两条重要通道双向流动，一方面是中原王朝使节和内地盛产的物资，如丝绸、瓷器、茶叶源源西去，另一方面是西域的"胡"字牌物产（葡萄、苜蓿、胡服、胡芹、胡麻、胡萝卜），以及中亚和欧美的商旅、使团从海陆两路不断地东来。这既是当时中国经济文化发展强盛的体现，也是东西方文明交融互动的历史标志。

中西方之间的交流虽然经过了漫长艰难的探索历程，但实际上一直存在着。西方世界很早以前就十分向往东方，对遥远的东方文化充满神秘、好奇和由衷的敬佩之感。西方最初对中国的了解是通过一些商旅、使节、考察团和旅行家。他们把东方，主要是关于中国的零星信息带回了西方，并被西方的学者记录下来。西方人非常热衷的是丝绸、瓷器，因而把模糊遥远的中国称为赛里斯和China。随着生产力的发展和航海技术的进步，东西方之间的交流逐渐扩大。至公元前二世纪，地球东部强盛的汉王朝和欧亚大陆西端称雄的罗马帝国东西并存。汉代中国人由东向西拓展，欧洲大陆西端的罗马帝国也在向东扩张。汉代张骞打通的中国内地至西域、中亚，然后抵达欧洲的交通成为沟通中国和西方的重要国际通道。这也就是被德国地理学家、旅行家李希霍芬称为"丝绸之路"的大通道。罗马人于公元前30年，灭了埃及托勒密王朝后，通过红海进入印度洋，每年有一百多艘船冒险向东方推进，其中有的商船到了恒河流域，从而使海上丝绸之路延伸到波斯湾、红海。这是世界史上第一条跨越印度洋的海上航线。

一般来说，人们认为丝绸之路的东方起点是当时的长安。这是因为汉代的京师在今天的西安。而唐代，丝绸之路更加兴盛，而唐朝的国都也为长安。现在也有人认为丝绸之路的东起点应为洛阳。但问题是，在汉、唐王朝之间有一个十分重要的过渡阶段魏晋南北朝。北魏定都平城97年，也就是说在将近一个世纪100来年时间内，西域、中亚各国的商旅、使团络绎不绝地来往于大同。北朝更是民族融合，中西经贸、文化交流的重要历史时期，隋唐制度大多肇始取法于北朝的典章制度。尤其是《北齐律》更是《隋律》和《唐朝律令》的蓝本。高欢父子起家经营的晋阳号称"霸府"，太原是唐帝国的北都，蒲州是唐朝中都。当时的晋阳是中外公认的和长安、洛阳、扬州并称的国际化的大都市。

另一方面，长安、洛阳并不是丝绸的生产地。当时，这些地方只能说是因为是国都而成为丝绸的重要集散地。而山西是丝绸的重要生产地，也是纺织业的重要发源地之一。当时，生产丝绸的地区为进行交易，把本地产的丝绸运到洛阳或长安，然后，经过长途转运，丝绸进入新疆、中亚，再经过中亚商人的中转，才能进入欧洲市场。中国生产丝绸的重点地区有三处，一是江南，二是四川，三即为山西南部。

二、山西曾经是丝绸的重要生产地

汉唐及其之前的山西，气候湿润、农业水利灌溉十分发达。中国历史上最早的引黄工程方案，就萌生发端于西汉时的河东太守番禺。河东道是全国主要的产粮区，生产的粮食不仅自给有余，而且经常接济关中和国都长安、洛阳，而绝非明清以后，特别是光绪三年大旱以后，生态严重破坏、水土流失不断，"十年九旱"的荒芜秃地。当时的山西不仅生产丝绸，而且是中国纺织业的发源地。夏县西阴村的嫘祖庙，就是为了纪念发明养蚕和纺织的黄帝之妻嫘祖。该村发现的蚕茧化石，有力地证明华夏源头晋南是丝绸的重要发源地和生产地。

历史上，山西不仅养蚕织丝，生产高档丝绸，而且，发达的潞绸业、棉布业、颜料业对晋商的兴起和发展起了重要作用。据考古发现，原始纺织技术的发明与编织技术的发展有密切联系。龙山文化时期，太原市义井、太谷县白燕遗址就有陶纺轮、骨锥与骨针出土。夏商周时期，山西的原始纺织手工业有了初步的发展。夏县东下冯，侯马北坞、临县三交镇、古交市屯村、榆次猫儿岭等不同历史时期的遗址中都发现有陶纺轮、骨锥、骨针、及石纺轮、石刀等纺织用具。夏县西阴村的嫘祖庙，说明山西种桑养蚕的历史十分久远。而且纺织器具中出现了铁刀，标志着铁制工具已在纺织业生产中使用，生产效率比以前有了提高。司马迁在《史记·货殖列传》中讲："夫山西饶材、竹、谷、纑、旄、玉石"。其中的"纑"，是山中一种叫纻的苎麻草本纤维植物，可以纺织成布

可以说，山西是古代中国养蚕织丝的重要地区之一。晋国时期，织缟等纺织、染色业已成为当时最重要的行业。汉魏时，百姓以谷帛为市，山西绛州的纺织品尤为著名。《全三国文》记载："夫珍玩必中国，夏则縑总绪穗，其白如雪；冬则罗丸猗绫，衣叠鲜文。"

魏晋南北朝时期，传统的纺织手工业在山西又有了发展。北魏初，纺织品相当缺乏，每匹绢值千钱。到孝文帝元宏之后，山西纺织品生产大增，每匹绢下降到二三百钱。河东郡、平阳郡每年送往京师的贡品就是"绵绢及赀麻"之类丝织品。并州、汾州、蒲州及雁门郡、灵丘郡等"皆以麻布充税"。到了北齐时，又专设司染署，领京坊、河东、信都三局，这是朝廷指派专门人员监督下进行生产的官营纺织手工作坊。近年发掘的魏晋之际的

许多墓葬，如太原东安王娄睿墓等都有大量丝织品出土，反映了当时纺织业的进步。

唐代在中国纺织史上是一个十分重要的时代。纺织品主要有丝织品、麻织品和毛织品三大种类。除晋南与晋东南一些地区宜于种植桑麻外，河中府（今永济市西南一带）出产丝织品。到唐代中后期，从《新唐书·地理记》所载河东道土贡：毛纺织品有汾州鞍面毡，是当时的名优产品；丝织品有绛州白縠（有绉的纱）；麻织品有沁州麻、石州胡女布、潞州赀布。唐玄宗时，宫中贵妃院仅为杨贵妃"织锦刺绣之工，凡七百人，其雕刻熔造，又数百人"。其豪华奢侈之状实在惊人。

唐代山西麻纺织业比较发达。唐玄宗开元二十五年（737年），从河东道征调麻布的地区有18州，即并州、潞州、泽州、晋州、绛州、汾州、慈州、石州、隰州、沁州、仪州、岚州、忻州、代州、朔州、蔚州、云州、虢州，其中除仪州、蔚州、虢州不属今山西，其余15州都在今山西境内，基本遍布全省各地。当时麻纺织品产地和质量已分档次，据《唐六典》卷二十太府寺条目所记，全国麻织品产地分为九等，涉及山西的有：晋州为二等产地，绛州为三等产地，泽、潞、沁州为四等产地，并州、汾州为五等产地，慈州为七等产地。

宋元时期，山西的纺织业在唐代基础上又前进了一大步，无论是纺织品的种类、数量、质量，还是纺织、印染技术都有很大提高。当时，山西的纺织业主要集中在晋南，因山西"寡桑柘而富苎麻"，纺织业中还以麻织业最为突出。据《陵川集》载："河东土产，菜多于桑，而长宜麻，专纺绩布，故有大布、卷布、板布等。"丝织业则不甚发达，这与当时山西缺乏原料有关。《宋史·地理志》记载诸州府土贡中，涉及河东路的仅汾州贡土紬，平定、岚州、宁化、保德贡绢。沁水县发现的宋墓砖雕中，其中有"换纱图"情景。到金代，山西的纺织业似乎比宋代发达。金代在真定、平阳、太原、河间、怀州等处设绫锦院，派官员掌"织造常课匹缎之事"。其中，平阳与太原在山西境内。隰州所产的绿卷子布由于质量好，成为贡品。大同市南郊发现的金明昌元年（1190年）西京玉虚道士阎德元墓，曾出土纺织品成衣10余件，其中一件上绣着100余只云鹤的丝织品鹤氅，制作相当精美。

元代的山西，为当时的"腹里"地区，官府手工作坊设立比较多。据《元史·百官志》所载，当时在山西从南至北都设有纺染业机构，官府织染业遍布全省。考古发掘的元代墓葬中，曾有不少丝织包、丝织桃绳、鞋、帷帘、道袍等，还有玉环丝带，质地细致、工艺精美、保存完好。

元代山西纺织业的发展，还表现在纺织技术的进步上。薛景石的《人遗制》中所载的纺织机具主要有：华机子（提花机）、立机子（立织机）、小布卧机子（用于织造丝麻织物的木机）、罗机子（专门织造罗类织物的木机）以及掉籆座和泛床子（用于穿梭、绕丝线、修纬一类机具）等六项。对这些机具均给予了总的说明和历史沿革评述，并配有说明图。在我国纺织史上占有重要的地位。

区域性商品经济的流通发展带动了潞绸业的兴盛。马克思说："商品流通是资本的起点。商品生产和发达的商品流通，即贸易，是资本产生的历史前提。"明朝中叶，潞安府成为与苏杭齐名的北方丝织制造业的中心，到万历年间达到高峰，有织机1.3万余张，分为6班72号，登机鸣杼者数千家，从业人数近10万，据统计，年产潞绸当在10万匹以上，每年仅销往新疆一带的潞绸就有9000余匹。明朝政府每10年在潞安派造皇绸3970匹，机户不以为累，其生产规模和经济效益十分可观。史称"彼时物力全盛，海内殷富，贡篚互市外，舟车辐辏者，转输于省直，流衍外夷，号利薮"。潞绸当时不仅畅销全国大部分地区，而且还出口日本、东南亚和欧洲许多国家，在世界贸易市场占有一席之地。明人郭子章《蚕论》中讲："西北之机潞最工。"潞绸的规格分大小两种：大绸每匹长68尺，宽2尺4寸，重61两；小绸每匹长5尺，宽1尺7寸。色调有天青、石青、沙蓝、月白、油绿、真紫、艾子以及黑、红、黄、绿、酱等，五彩缤纷，能够满足社会上各种消费者的喜好和需要，使阿拉伯和欧洲商人惊羡不已，在国际市场上享有很高的声誉，在国内更是"上供官府之用，下资小民之生"。"士庶皆得为衣"。从万历三年到十八年，共坐派山西潞绸1.5万匹。万历二十五年（1597年）吕坤上疏皇帝时称"山西之绸，苏、松之绵绮，岁额既盈，造加不已"。可见潞绸与江南苏州、松江丝绸相媲美。

除丝织业外，棉织业也有发展。万历时任山西巡抚的吕坤，在其《实政录》中称"榆次、太原等县，民间纺织最多"。万历十九年（1591年），寿阳知县兰尚质，在寿阳推广棉织技术。至清代，已大有发展。寿阳人祁隽藻在其《马首农言》中说，织事有择花、弹花、搓花、缠线、捌线、浆线、络线、钩线、引布、安机、卸布、浆布、裁缝等15道工序。一健妇，一年可织布50匹，每匹可卖150钱，50匹可得7500钱。清代山西以榆次布最著名，号榆次大布。不仅如此，至雁北大同一带，也在大力推广织布业。此外，晋南农村，因盛产棉花，民间一直盛行织布，俗称土布，以区别于西洋纺织品和国内机器所织之布。土布环保耐用，至今深受老百姓欢迎。

三、大量考古和文献资料证实魏晋北朝时期山西是丝绸之路的重心

在各民族长期的冲突、征服和融合过程中，山西的地域融合

作用尤其突出。大量考古发掘证实，从西汉张骞开通"丝绸之路"伊始，就有大批的西域人和外国商品进入并州。1983年，在朔州发掘的汉墓中，出土过一些西域人面貌的铜俑，便是西域人来并州的明证。东汉后期，南匈奴内附，部众3万余落，20多万人被安置在并州，并分南、北、左、右、中五部，分别居住在蒲子县（今山西隰县）、新兴县（今山西忻州）、兹氏县（今山西汾阳）、祁县（今山西祁县）、大陵县（今山西文水县）。东汉末年，大批乌桓人又入居代北，拉开了汉民族与北方游牧民族大规模融合的序幕。

魏晋以降，匈奴、鲜卑、羯、氐、羌、乌桓都在并州频繁活动。公元304年，匈奴人刘渊在左国城（今山西离石市北）建汉。公元333年，羯人石勒建后赵。西晋并州刺史刘琨，坚守晋阳城，抵抗刘渊、石勒，长达十年之久。并州成为北方各少数民族争夺的战略要地，十六国时期，先后被前赵、后赵、前燕、前秦、西燕、后燕所统治。

北魏定都平城（今山西大同市）近百年，平城成为丝绸之路东段最著名的城市，吸引了大量中亚国家使团和商人涌向平城。《魏书》记载，道武帝拓跋珪定都平城不久，就有许多中亚使节、商团数百人进入京畿，最著名的如安同，其先祖安世高，汉代以安息王侍子入洛。父安屈，曾任中郎将。安同年轻时，到代北经商，见道武帝有济世之才，"遂留奉侍"。太武帝拓跋焘祭东庙时，"远番助祭者数百国"，其中就有大量来自波斯、粟特、柔然、高车等西域、中亚、西亚国家的使节和商人。

东魏北齐时，晋阳是北方军政中枢。东魏高欢凿西山大佛，建规模宏大的"晋阳宫"，北齐八帝，有四个皇帝在晋阳即位，四帝崩于晋阳宫。当时胡商辐辏，商贸发达，留下许多外国人活动的记录和遗物。隋代北周后，隋炀帝在并州营造晋阳宫和汾阳宫。

唐朝起兵，龙兴晋阳，成为北都。晋阳城规模之大超过以往各代。城周回42里，西、中、东三城，分列汾河之上及其两岸，气势恢弘。唐朝在并、浩、介、石四州建有专供外商居住生活的"贾胡堡"。考古学家在灵石发掘得罗马梯拜流斯至安敦皇帝时代的十六枚古铜钱，太原唐代墓葬中，也曾发现古罗马金币，显然是由外国商人携入山西的。娄睿墓道两侧壁画中的胡商驮队图真切地反映了经过长途跋涉来山西的商队。魏晋北朝隋唐时期的墓葬中，发现大量外来的先进工艺品、生活日用品和粟特商人骑骆驼俑、突厥骑马俑、西域伎乐俑，如北魏平城遗址出土的中亚银器、中亚鎏金酒杯，太原北齐徐显秀墓葬中的胡床、茵褥、蓝宝石戒指、葡萄酒等。

西辽（1124—1218年）帝国的创建者耶律大石，在金灭辽以后，就来到西北召集残部，建立了西辽，并扩张其势力直到中亚，成为中亚强国。当年耶律大石西征的军队中有大批包括山西人在内的汉人，他们与契丹人一道，在传播中原汉文化中起了决定性作用。据《长春真人西游记》记载，伊犁河谷地带"土人唯以瓶取水，戴而归。及见中原汲器，喜曰：'桃花石诸事皆巧。'桃花石，谓汉人也。"足见汉人传入西域的先进技术很多。长春真人一行在撒马尔罕见到"汉人工匠杂处城中"。

直到元朝，山西仍是丝绸之路的重要地带，并州是全国最大的葡萄酒生产基地[1]。意大利人马可·波罗在元政府供职17年，他所著的《马可波罗游记》详细记载了山西太原、大同、平阳等地商业繁盛的情况。其中第106章专门记载，太原城商业和葡萄种植业"都城甚壮丽，与国同名，工商颇盛，盖君主军队必要之武装多在此城制造也。其地种植不少最美之葡萄园，酿葡萄酒甚

---

[1] 童丕：《中国北方的粟特遗存——山西的葡萄种植业》，2004年北京"粟特人在中国：历史、考古、语言的新探索"学术研讨会论文。载《中国汉学》第十辑。

饶。契丹全境只有此地出产葡萄酒，亦种丝养蚕，产丝甚多。"

元宪宗九年（1259年），常德代表元朝政府出使中亚时，曾看到许多汉民与当地人民杂居的情况，他的随行者刘郁在《西使记》中留下了关于汾州人和并州人早年在新疆活动的文献资料："自和林出乌孙中，西北行……数日过龙骨河。复西北行，与别失八里南已相直，近五百里。多汉民，有二麦黍谷……行渐西有城曰业瞒，又西南行……有关曰铁木儿，察守关者皆汉民。关径崎岖似栈道。出关，至阿力麻里城，市井皆流水交贯。有诸果，惟瓜、蒲（葡）萄、石榴最佳。回纥与汉民杂，其俗渐染，颇似中国。又南有赤木儿城，居民多并、汾人。"[1]此处提及的地方，属元朝的察合台汉国。阿里马里城，即今日的伊宁县。赤木儿城在伊犁河北岸流域的河谷地带，现在的中国与哈萨克斯坦接壤的新疆维吾尔自治区伊犁哈萨克自治州伊宁市霍城境。刘郁的记载说明，那时的山西人已经在新疆伊犁河流域的赤木尔城等地生活了多年。阎宗临先生考证"赤木儿，《四库》本作齐穆尔。耶律大石西移时，统率汉军，多有并汾人，在那里落户成家。"[2]可见，在新疆的发展史上，山西人有着不可否认的业绩。

元明清时期，中国的政治中心移至北京。由汉以来形成的朝贡体系重心也由今西安、杭州等地转至北京。西域各国的使节、商旅、僧人沿丝绸之路至敦煌、武威一带后，进入长安，并继续东行。他们过黄河，北上今临汾、太原，再东转，越太行山，经河北定州至京师。这一段成为丝绸之路的东延段，沿途有许多进行国际贸易的城市、市关。除丝绸之外，山西出产的铁器、布匹、粮食等也参与到这种国际贸易之中。

事实上，山西参与国际贸易历史由来已久。据史料记载，在

---

[1] 阎宗临：《中西交通史》，第210页。

[2] 阎宗临：《中西交通史》，第210页。

今山西灵石县，至少从北朝至唐就有"贾胡堡"的地名，为外商来晋贸易的商人聚散之处。（张庆捷：《胡商胡腾舞与入华中亚人——解读虞弘墓》，北岳文艺出版社，2010年版）。清末，曾在山西灵石出土了十六枚古罗马铜币，证明那时已与欧洲有商贸往来。在太原、大同等地也发现了罗马、波斯钱币，以及由中亚等地传入的玻璃器皿，均反映了山西与其他国家的商贸关系。

四、山西地区的发展融合了东西方文明

中国历史上，北方游牧民族南下对山西地区的国际文化交流也产生过非常重要的作用。特别是其中的匈奴、突厥、鲜卑、蒙古、女真等先后登上国内和国际舞台的民族，凭借其强大的军事武力，南下中原、驰骋欧亚、横扫世界。他们的足迹先后到了亚洲、欧洲、非洲等地。但是，其政治中心，往往在亚洲腹地，特别是今内蒙、山西、京畿一带。在他们的武力迁徙中，掠夺了当地许多财富，也裹挟了许多有知识、才艺与技能的学者、工匠、医生等，并把他们带回亚洲，包括山西。最典型的鲜卑拓跋，其足迹进入中亚、西亚一带。当地的能工巧匠、宫廷贵族、才女歌妓等被带回了都城平城，并流散到北方各地。而北魏在平城建都后，中亚各地的商旅、使节、僧人不断涌入平城，有的在中原特别是山西地区做官终老。

进入山西的外国商人、武士、僧侣以及各类学者、艺术家等对山西的经济、文化发展产生了积极的影响。一些人甚至在山西定居做官。如元代萨都剌，西域回纥族，居今山西代县，精通汉语，有深厚的中国古典文学修养，著有《雁门集》等。又如虞弘曾奉茹茹国王之命，出使波斯、吐谷浑和安息、月氏等国，先后在北齐、北周和隋朝为官。北周时一度任"迁领并、代、介三州乡团，检校萨保府"等职。萨保即为受朝廷任命管理胡人事务的

官职。这些记载都说明在当时的并州、代州、介州等地，聚集了大量的西域人口。在建筑方面，尼泊尔建筑师设计并建造的五台山白塔、佛光寺的志远和尚塔为非常罕见的唐代石塔，具有印度宗教建筑的风格和样式。金阁寺则由印度僧人含光主持修建，由天竺那烂陀寺喜鹊院僧纯陀及西域僧道仙、法达设计。还有很多民居如乔家大院、李家大院、牛家大院等建筑中也体现了欧洲风格；艺术方面，云冈石窟中的石雕人物，即具有突出的希腊与印度艺术融合的犍陀罗风格。还有许多胡人乐舞雕像，在全省各地的考古发掘中，多有胡人乐妓的形象出现，如新绛北苏村的金墓即出土了女真人乐舞的砖雕。张骞出使西域后，带回了葡萄、苜蓿等植物。山西清徐即为中国著名的葡萄产地。唐朝时中国的另一个葡萄产地是山西西北部的太原地区，所谓'燕妓葡萄酒'，就是指太原出产的葡萄酒，太原每年都要向朝廷进贡大量的美味葡萄酒。（（美）爱德华·谢弗著，吴玉贵译：《唐代的外来文明》，陕西师范大学出版社，2005年版）

而《西凉乐》、《安国乐》、《疏勒乐》、《泼寒胡戏》等来自西域的乐舞在山西一带也非常流行。春秋战国以来，西方生产的玻璃器物传入中国，其中最具有代表性的蜻蜓眼玻璃珠，其主要的传输路线是经过新疆、甘肃进入山西、河南，再流入湖北、湖南、广东。在大同等地的考古发掘中，就发现了这种玻璃球，以及其他的玻璃器皿。同时，外来的日常生活用品也得到了汉人的喜爱。《后汉书》中记有"灵帝好胡服、胡帐、胡床、胡坐、胡饭、胡箜篌、胡笛、胡舞等，京都贵戚皆竞为之"。

五、晋商率先开辟中俄万里国际茶叶之路

明末到清朝中叶后，由于地理大发现和西方海外殖民市场的开拓和掠夺，延续千余年的陆上丝绸之路渐趋沉寂，海上丝绸之

丝绸之路经济带与古州雁门

路时断时续，但有着坚韧不拔、百折不挠的中华民族不断开拓进取，代替海上丝绸之路衰败的是以山西商人为主体的陆上茶叶之路的兴盛。

"万里茶路"发展于明后期，兴盛于清中期，是以山西商人为主力军，从中国福建武夷山出发，中经河南赊旗镇、穿越太行山、经太原、出雁门关、过大同，沿东口（张家口）、西口（杀虎口）北上归化（今呼和浩特市）、库伦（今乌兰巴托）、恰克图、伊尔库斯克，直抵莫斯科、欧洲的万里国际贸易通道——茶叶之路。进而在商贸业（商号、店铺、作坊）、物流业（船帮、驼帮、车帮、货栈）、金融服务业（票号、钱庄、账局、印局、会馆、旅店、饭铺、镖局）等诸多行业创造了前所未有的辉煌，积累了数千亿银两的巨额资本。贯通蒙古、俄罗斯、欧洲和中亚各国，途经235个城镇，总长1.3万余公里的国际商路。"万里茶路"是继汉唐宋元"丝绸之路"与"茶马古道"之后的又一条连接欧亚大陆，在中外经贸文化交流史上发挥过重要商业动脉作用的陆上国际通道。经历200多年历史长河的冲刷与积淀之后，这条商路像丝绸之路一样正在演变为一条国际黄金商贸文化旅游线路。其背景是公元十七、十八世纪，中俄边境的一个小村恰克图随着1728年《中俄恰克图条约》的签订和晋商开辟的万里茶道的带动迅速崛起，一跃而成为亚洲腹地出现的第一座国际商埠。从1692年俄国第一支商队进北京，到1905年西伯利亚大铁路通车，恰克图市场繁荣了整整200多年。这里成为中俄两国互通有无，商贸往来的重要枢纽，造就了以"晋帮"商人为主，"京津帮"为辅，总人数达50余万的旅蒙商贸集团，进而拉动了乌里雅苏台、科布多、库伦、归化、多伦诺尔的开发和内地杀虎口、张家口、天津、汉口及俄国西伯利亚地区伊尔库斯克、上乌金斯克一批城市的发展。恰克图边贸在清代乾隆中期进入鼎盛时期，每年都有成百上千万担的茶叶、瓷器、大黄、丝绸、锦缎、铁器、棉布、烟酒、糖碱和其他日用百货从中国内地源源不断地输向恰克图、伊尔库斯克、莫斯科，还有欧洲，同时从俄商手中换回各种皮革、畜毛、羔皮、呢绒、棉线、麝香、鹿角等，并引起了伟大的革命导师马克思的关注和评论。第二次鸦片战争后，随着《中俄天津条约》等一系列不平等条约的签订，俄商在华特权日增，直接进入天津、张家口、汉口等地采买茶叶、丝绸、土货，与晋商竞争。尽管由于清政府腐败，国弱商难保，但明清晋商开创的这条堪与丝绸之路媲美的茶叶之路在中俄贸易史上占有举足轻重的地位。这条茶路近年已越来越引起国内外的关注。我于2010年曾应邀参加俄罗斯恰克图市举办的"晋商暨万里茶路国际学术研讨会"。2013年3月，国家主席习近平首次出访俄罗斯，在莫斯科国际关系学院的演讲中指出："中俄两国的能源合作不断深化。继17世纪的'万里茶道'之后，中俄油气管道成为联通两国新的世纪动脉。"

六、建议

1.继续加强和深化"山西历史与丝绸之路经贸文化关系"课题研究，尤其是要重视"北接大漠、南通岭南"的九边尊塞第一关——雁门关在丝绸之路经济带上的作用与影响的学术研究，为我省与中亚的经贸文化交流与合作提供历史定位和决策依据。

2.加强我省与新疆的省际经贸文化旅游的合作与交流，发挥好新疆在带动我省与中亚合作中的桥头堡作用。

3.我省目前已建成的大（同）—秦（皇岛）、大（同）—西（安）、晋豫鲁（太原—日照）数条铁路，已构成山西通往大西北和出海的海陆通道，为丝绸之路铺好了交通基础设施，极大地便利了我省煤焦、机械设备、小杂粮等产品出口中亚、欧美。

4.继续争取把我省的大同、晋阳融入联合国教科文组织的丝绸之路城市带。同时鉴于国内外近年日益注重晋商与中俄蒙万里国际茶路研究的趋势，发挥晋商品牌优势，加强我省晋商万里茶路学术研究，适当时候建议召开一次"晋商与万里茶路国际学术研讨会"，为带动我省经贸和旅游献计献策。

（作者系山西省社科院历史文化研究所所长）

雁门关在东魏北齐贯通丝绸之路中的作用

钱龙

一、草原丝绸之路——东魏北齐沟通西域的主要通道

北魏时期的丝绸之路分为两条，一条是传统意义上的丝绸之路，即通过长安后向西进入河西走廊，贯通欧亚大陆；另一条则是北方草原丝绸之路，由平城西入盛乐，再通过漠北草原通往西域。公元534年，北魏分裂，其后的东魏、北齐同西魏、北周经过多次鏖战，双方势均力敌，都无法战胜对方。因此，居于黄河之东的东魏、北齐通往西域的传统丝绸之路受阻。

史载北齐天保元年（550年），高洋建立北齐取代东魏，居于西域的吐谷浑曾到北齐朝贡，但进贡队伍在返回吐谷浑的途中遭到了北周的阻截。《周书》载：（大统中）"是岁，（吐谷浑）夸吕又通使于齐氏。凉州刺史史宁觇知其还，率轻骑袭之于州西赤泉，获其仆射乞伏触扳、将军翟潘密、商胡二百四十人，驼骡六百头，杂彩丝绢以万计。"同样在《资治通鉴》也记载此次吐谷浑朝齐被截之事，称："吐谷浑可汗夸吕，虽通使于魏而寇抄不息，宇文泰将骑三万踰陇，至姑臧，讨之。夸吕惧，请服，既而复通使于齐。凉州刺史史宁觇知其还，袭之于赤泉，获其仆射乞伏触状。" 其中胡三省注"赤泉"条曰："《唐志》：凉州姑臧县有赤水军，本赤乌镇，有赤乌泉，因名，幅员

五千一百八十里，军之最大者也。"雍正《甘肃通志》载："赤泉，在县东南。《十六国春秋》：秃发傉檀伐蒙逊，次于氐池，芟其禾苗，至赤泉而还。"南北朝时，赤泉在张掖氐池以北，唐朝后属姑臧县区，在今甘肃张掖南。此时东魏、北齐通于西域吐谷浑的道路已经不能经长安至晋阳，只能由北借道柔然通好于河东，这条道就是北方的草原丝绸之路，也称"欧亚草原路"。它大致在北纬50度附近，东起蒙古高原，西至黑海沿岸，是横贯欧亚北方草原地带的一条古代交通路线。进入今山西境内后，由平城南下通过雁门关抵达晋阳，再东行至邺。

草原丝绸之路要早于张骞所开通的河西走廊东段，但因为东汉后，漠北地区为鲜卑、柔然、突厥等少数民族控制，变得复杂危险，汉魏及西晋基本不再使用这一通道。东魏北齐时期，随着柔然的衰落，突厥未尚未壮大，居于北边及东北边的突厥、契丹、库莫奚、地豆于、室韦、新罗、百济、勿吉、高丽和靺鞨等都同北齐建立了较为和平的关系。这也为东魏北齐重走草原丝绸之路打开了方便之门，形成了较为重要的三条线路：居延路、草原路和吐谷浑路。

居延路位于中原农耕文化与草原游牧文化的交汇处，沿漠南之地向西延伸，同河西走廊大致平行，过居延绿洲后便可与河西走廊、吐谷浑道相通。它是北方游牧民族的交通要路，在河西路、中原路受阻时，又成为中原地区沟通边疆地区各族政府和民间的替补道路。

草原路由北齐的邺城出发，西至晋阳后，北折过雁门关在平城、云中、哈尔和林，向西经阿尔泰山、南西伯利亚和中亚北部进欧洲。草原路位于草原地带，整体地势较为平坦，是连接欧亚大陆，沟通中原地区的大通道。

吐谷浑路，又称河南道，其主干道由青海湖西都兰城始，沿柴达木盆地南北两缘西行，再向北穿过阿尔金山的险口，到达鄯善。此道在十六国南北朝时期所起的作用十分重大，向北可以与居延路和草原路相通，向南可以与南朝相通，连接了南朝与西域间的政治、经济和文化。

草原丝绸之路成为东魏、北齐沟通西域的主要道路，即从邺城或晋阳出发，过雁门关，北经蒙古草原再西行，通过草原路或居延路通达西域。因此，掌握雁门关的控制权成为顺利北出的关键。《北齐书》载："（天保）三年春正月丙申，帝亲讨库莫奚于代郡，大破之，获杂畜十余万，分赉将士各有差。以奚口付山东为民。"此时库莫奚侵扰代郡，对通往此处的商队及使节构成威胁，所以北齐帝高洋亲征代郡，将库莫奚人口移至山东，成为编民，进行了分化。天保五年，"十二月庚申，帝北巡至达速岭，览山川险要，将起长城"。两年后，高洋再次北巡代郡，登达速岭，而达速岭在雁门郡西，陉岭之上，是为雁门关区域的重要关隘。由此，足见北齐对雁门关的重视，也体现了它在沟通草原丝绸之路上的重要性。

二、雁门关——草原丝路通向晋阳的锁钥

雁门关，位于古勾注东西陉之地，在山西代县北 20 公里处，因其"双阙斗绝，雁度其间"，所以取名雁门关，人称"三边冲要无双地，九塞尊崇第一关"。雁门关成为历史上华夏民族农耕文化和草原民族游牧文化相互碰撞的地带、历代统治阶级激烈角逐的战略要地，它南控中原，北扼漠原，是中国古代关隘规模最为宏伟的军事防御工程之一。据考证，有史可查的战争就发生过200余次，从秦时扶苏、蒙恬守雁门，到汉高祖"白登之围"、汉武帝雁门抗击匈奴等等，雁门关见证和影响了中国历

史。雁门关和战之间，是中原与北方各族通商互市、民族融合的过程。

东魏、北齐时期，雁门关以北受到突厥、库莫奚、稽胡等游牧民族的侵扰。北齐和清二年（563年），北周大将杨忠与突厥自北道伐齐，"齐人守陉岭之隘，忠击破之。"雁门关被攻破，大军很快逼近晋阳，恰逢降大雪数旬，不利于突厥。次年，段韶率军大败周军，突厥撤还陉岭，退出长城，马死且尽。此次战役对北齐威胁很大，齐主从邺城倍道赶赴达晋阳。如果当时没有持续近一个月的大雪，以及斛律光驻守平阳击退达奚武，北齐政权真是岌岌可危。雁门关是大同盆地与忻定盆地间的一段山隘，一旦被攻破，从忻定盆地通往太原盆地便是一马平川，再无险峻关隘可阻挡。因此，雁门关所处的独特的地理位置，使它的战略作用尤为突显。此战役之后，北齐在雁门关地区侨置了北朔州（治所在马邑城）和北显州（治所在六壁城）。《魏书·地形志》："朔州领大安、广宁、神开、太平、附化五郡，孝昌中陷，北齐重新收复此地建北朔州，领广安、太平、长宁、广宁、繁畤等郡。""东魏置廓州时，州领广安、永定、建安三郡，北齐废此三郡，又移显州军户镇之，并改州名为北显州，不领郡县。"在雁门关地区侨置的北朔州和北显州，都是以移徙其他地方的军户来镇守的，这些军户主要来源于六镇起义后的鲜卑武士及流民，即所谓的"六州军士"。他们英勇善战，驻守于此，足以威慑北周、突厥，保证雁门关隘的畅通。

史书载在雁门关西门外有㶟突泉，水源猛奋突出，北流入桑乾河。可见此处环山抱水，是设隘驻军的极佳之地。明朝人乔宇作《雁门山记》称："午，上关折西，蹑高岭，绝顶四望，则繁畤五台耸其东，宁武诸山带其西，正阳石鼓挺其南，朔州马邑临边之地在其北。"形象地描绘了雁门关作为草原丝绸之路，通往晋阳的锁钥的险峻及其重要的军事战备价值。

三、雁门关文化遗存——农耕文明与游牧文明碰撞的火花

山西著名的关隘有40多座，而雁门关为最。雁门关经历了数千年的风雨磨洗，在一次次的战火中留存了下来，其本身就是一个见证历史变迁的实证。

现今，在代县博物馆藏有300余件新疆和田玉器饰物。这些从雁门关下的上砂河的春秋战国和汉墓中发掘所得，春秋以来成边士兵的公墓群，说明汉之前这里就是驻军地。在雁门关以北大同盆地内，考古发现了很多具有中亚特征的文物。朔州的汉墓中出土过一些深目高鼻，具有中亚人面貌特质的铜俑；大同南郊北魏墓群中出土有萨珊波斯器物。在雁门关南，进入太原盆地后，出现有代表中亚文化的虞弘墓、娄叡墓、徐显秀墓等。

2013年3月，山西省考古研究所在山西省忻州市兰村九原岗墓群的一座北朝晚期墓葬进行抢救性发掘。在墓道中清理出200余平方米的墓葬壁画。墓道东、西壁画自上而下均分为四层。第一层主体绘畏兽、仙人、飞鸟、神兽等形象，四周以流云、忍冬补白，其中有两个神兽分别是《山海经》中记载的"驳"和"疆良"。"驳"是一种食虎豹的马，体形硕大，奋蹄疾驰，嘴里叼着一只老虎，虎皮条纹清晰。"疆良"是一种食蛇的怪兽；第二层壁画内容均为狩猎图，狩猎内容丰富。在西壁第二层壁画南部还出现两个中亚人的形象，人物眼眶深陷、鼻梁高挺、谢顶浓眉、胡须浓密；第三层为出行仪仗，所绘人物大部为站立的武士形象，所有武士均佩弓箭；东壁第四层因开挖盗洞已全部被毁，西壁第四层亦为站立的武士形象。在屋顶的正上方绘有一个火盆，左右两侧各绘有一兽首鸟身的怪兽形象，屋檐下还有6个侍女侧立。关于墓主人的身份因为缺少墓志等有力证据尚未确定，壁画生动展现了北朝时期民族融合、宗教文化、生活气息等丰富

的内容。屋顶正上方所绘火盆及左右两侧的兽首鸟身怪兽形象，说明墓主人是一个祆教徒，所绘内容为祆教的圣火坛。尤其是壁画中出现的两个中亚人形象，再一次证实了北朝时期欧亚大陆文化交流的繁荣。

目前，从已经发现的历史文物来看，雁门关在欧亚大陆交通文化交流中是一个重要的关口，特别是在丝绸之路上具有同甘肃玉门关、新疆喀什一样重要的地位，是汉族和其他少数民族商人的集散地，为经济文化交流的中转站。而这些遗存至今的文化风俗和历史实物，包括雁门关本身，都是文化冲突融合，不断碰撞所产生的火花集结。

四、结语

张庆捷先生的《从西域到平城——北魏平城的外来文明艺术》中对丝绸之路东端说作了有力的论述，他说以往学界讨论丝绸之路的东端，绝大多数只讲到西安或者洛阳。实际上，根据史书记载和考古发掘资料来看，丝绸之路开通后，它的东端历代有所不同，处于不断变动之中，不同的朝代，应根据京城所处位置的不同，来确定丝绸之路的东端。所以，北魏的丝路东端，首先是平城，其次是洛阳；东西魏的丝路东端，分别是长安和邺城；北周和北齐的丝路东端，则是西安和邺城。而晋阳在北魏末期有特殊的地位，又是北齐的陪都，所以也属于丝路东端。这一论述是客观的，更是符合历史事实的。每个朝代的都城都是政治、经济、文化的中心，各种政治互通、商贸交易、文化交流也都是以都城为中心进行的。北朝都城的变化自然使丝绸之路的东端随之变换，然而从地理上来看，沟通平城与晋阳以及邺城的交通孔道上，雁门关所处的险要地位，突出了它在丝绸之路上的重要价值。

雁门关本身就是一座饱经沧桑的历史遗存，还有在其周边所发现的众多具有重要价值的历史文物、历史遗迹等，都反映出了它在丝绸之路占有重要的地位，是南北朝时期东魏北齐沟通西域的一座重要关隘。

（作者系山西大学历史文化学院博士）

抑扬之间：雁门关地域在
"一带一路"中的作为

程培甫　崔焕奎

习近平主席访问亚洲数国，提出的建设丝绸之路经济带，各国反响积极。2013年9月7日，习主席在哈萨克斯坦纳扎尔巴耶夫大学发表重要演讲，提出了加强政策沟通、道路联通、贸易畅通、货币流通，民心相通，共同建设"丝绸之路经济带"的战略倡议，不仅体现了中国作为主要经济强国的历史渊源，也为新时期欧亚各国进一步深化合作勾勒了宏伟蓝图，为进一步促进各国及区域的发展提供了崭新的机遇（全国政协副主席李海峰《增进互信，加强合作》）。

最初的丝绸之路是在两千多年前，汉武帝派遣张骞出使西域打通的，这条路使中国与西域各国以至欧亚的许多国家得以往来，以至后来成为"使者相望于道，商旅不绝于途"的繁荣之路，驼铃声声，行人憧憧，往来于黄沙绿草之间。

地上本没有现成的路。人是富有创造力的，只要有需求，有意愿，就可在无路的地方踏出一条路来。而经由雁门关通往蒙古、俄罗斯，就是人们踏出的另一条丝绸之路，可称之为"丝绸北路"。经由这一条道路产生的商贸额，是十分可观的。这条路的关键的节点就是雁门关。那么，在雁门关地域，在雁门关下的

丝绸之路经济带与古州雁门

代县，由于这一地域的特殊性，发生了什么影响？产生了怎样的结果？出现了何种经济状况？形成哪类文化态？下面从文化角度切入略作论述。

一、历史的回顾

郭长风先生认为，"晋文化孕育于以旧石器时代早期到西周初年山西地区远古文化的漫长发展，形成于叔虞封唐并辉煌于春秋战国五百年间，延续并发展于秦汉以来中华文化生机勃发，波澜壮阔的发展长河中"，"反映了他们（山西人）对外部的客观态度，展示了他们认识活动，实践活动的精神和过程，这种态度（客观态度）就是敬业诚信，这种精神（主观精神）就是吃苦耐劳，这种过程就是勤劳致富。我们可将上述内容概括为晋文化的本质特征，即与时俱进的创新能力、兼容并蓄的开放态势、敬业诚信的事业原则、勤劳致富的生活态度，这四个方面相互依存，相辅相成，共同架构了晋文化的精髓和灵魂，深刻揭示了晋文化的世界观和价值观。"（《文化基因论》90页，中国经济出版社）

雁门地区，是山西省的一部分，它的文化特质从宏观方面论，自然也应在郭长风所论说的晋文化的范围之内。但由于雁门关的特殊地理位置，自然会形成自己的一些特色，以显示它特有的地域性。这地域的特殊之处是什么呢？一是它的边界性，二是它的要隘性。雁门关道为茶马古道、丝绸北路。昆玉西来，茶叶北去，马输中原，丝绸远销，雁门关是必经之处，雁门人是便捷的从商者。这无疑是雁门文化构成的要素，而这些以及民族的杂居、战乱的频仍、移民的史实，就是其边界性与要隘性的致因和独特体现。

在叔虞封唐时，这里是何种状况，缺乏史料的精确记载，最早的资料当数《穆天子传》与《山海经》。但其神话色彩很浓，不能完全作历史事实看，而且这些资料也是在"叔虞封唐"之后的。可靠的史实记载，是在其后的时代。赵武灵王的胡服骑射，北建三郡；西汉的战伐与和亲的两手；魏晋南北朝的民族交错，政权频易；宋明的前沿阵地，冲突不断；以至于清王朝的商贸大行，车马塞途，历史老人步履从容，缓缓走过，给我们留下了深深的足印，构成了雁门关下，古州代县丰富的文化遗迹和精神传承。我曾将这种遗存与精神总括为：（1）地处边陲要塞之区，人有尚武爱国之心；（2）两种文化的界域，融合并存的襟怀；（3）农商并重的传统、开拓进取的精神；（4）衙署栉比的建置，重视仕途的思想；（5）丰富的文物遗存，可观的文化实绩（见拙作《雁门文化论略》）。而这都是与雁门关的地域特点——边界性与要隘性有关的，或直接或间接，此不赘述。这里我想特别指出两点：族群交融与商学关合。

雁门关地处边塞之区，是两种文化——游牧文化与农耕文化的碰撞区，是两个或多个民族、多个地区移民的交汇区。且不说三代时的獫狁、熏鬻，两汉时的匈奴，只查考一下魏晋南北朝的民族间的交错——冲突、融合、共生、承传，就可见彼时雁门关地区争战频发，民生涂炭，波及代郡、云中、雁门、太原诸郡地。其时鲜卑、乌桓（又作乌丸）、匈奴，时分时合，共扰北边，雁门一带地域为其首当其冲之区。中原王朝与他们之间除战争之外，亦封官赐爵采取合作方式。如鲜卑一部落之首领步度根与另一部落之首领轲比能有矛盾，而势弱于轲比能，时曹丕践祚，派田豫持节，护持步度根部屯驻于昌平，并拜步度根为王，"将其众万余落保太原、雁门郡"（《三国志·魏志·乌丸等传》）。"黄初五年，步度根诣阙贡献，厚加赏赐，是后一心守边，不为寇害"（同上）。此后未久，轲比能则与步度根联手叛汉，《三国志·魏志·明帝纪》记载："保塞大人步度根与叛鲜卑大人轲比能私通，并州刺史毕轨表，辄出军以外威比能内镇步度根。帝省表曰：'步度根以为比能所诱，有自疑心，今轨出军适使二部惊合为一，何所威镇乎！'促勒轨以出军者勿越塞过勾注也。比诏书到，轨已进军屯阴馆，遣将军苏向、董弼追鲜卑。比能遣子将千余骑迎步度根部落，与尚、弼相遇，战于楼烦，二将设，步度根部落皆叛出塞，与比能合寇边。"这样的分合、这样的战争在雁门关地区屡有发生，无疑对此地人民的生产、生活、思想带来巨大影响。

曹魏仅仅延续了45年，便改朝换代进入晋朝。刚建立不久的晋王朝便受到由匈奴人刘渊建起的汉王朝的攻击。并州刺史司马腾无力独拒，便向鲜卑族拓跋氏求援。拓跋猗卢率十万骑过雁门关南下，援晋击汉，先后两次，大破汉军。未久，鲜卑白部大人背叛晋朝，匈奴苗裔铁弗刘虎响应，进攻新兴（今忻州）、雁门（今代县），继任的并州刺史刘琨，再求援于拓跋氏，而击破白部与刘虎。于是拓跋猗卢便得到晋王朝的认可，封为代公，勾注山北便成为其领地，刘琨将陉岭北五县——繁峙、马邑、崞、娄烦、阴馆的人民迁入陉南。这对雁门地区的人民又是一次不小的震动。

代国愈益强大，拓跋氏便将都城移于平城（今大同），改国号为魏，史称北魏。公元396年，北魏帝拓跋珪亲率大军40万，越过勾注山，南出雁门关，征讨后燕政权。"旌旗络绎二千余里，鼓行而前，屋瓦皆震"（见光绪版《代州志》）。魏明帝孝昌（525—527）年间六镇之乱，恒代以北并为邱虚。而此前雁门关南已先后为前赵（匈奴族）、后赵（羯族）、燕（鲜卑）、前秦（氐族）政权所控制。北魏被北齐与北周取代之后，齐周之间又屡兴战伐，此时北方突厥又强大起来，也参与其间。政权频易，战乱不断，兵连祸接，民不聊生。雁门关隘，战魔穿梭，代州城池，数次被围，人们发出无奈的慨叹："宁为太平犬，不作离乱人"，祈求和平，反对战乱；崇尚英雄，信仰忠义，这就成了雁门人的诉求，成了雁门文化的底色，这是一个方面。另一方面，雁门人常与这些兄弟民族交往，混居、渗透、融合。不特此也，由于雁门关的特殊地域，迁来外地的汉人也不少，其中就有明代在本州城设置振武卫后迁来的军户，有些军户后来发展成雁门关下，代州地界的名门望族，如冯氏、孙氏、董氏等等。冯氏始迁祖是冯盛，《冯氏族谱》卷二中记道："其先为山东寿光县纪台社人，国初以三户垛军于边，派历山西太原府振武卫中左所，成化间张道儿丁绝，例勾次户补伍。"官职升为兵部右侍郎的吴嘉会，其祖上也是以军户调到振武卫的，属振武卫籍（后来卫人已经自视为州人，身份的界限渐趋模糊）。振武卫管辖的人口中，除了正规军以外，大量的余丁（称为军余，他们是一些无军籍的人员，如家属），散居在代州全境。他们除耕种屯田外，还有不少科田。卫所的军丁是作为移民加入到村庄中，垦种土地，与原州人融合在一起。原籍居民集中分布在滹沱河两岸的平川之地，南北两山则是流民的落脚点，也是振武卫卫民势力扩张的地方，这些地方振武卫的迁民尤多，开垦了许多农田。我们在代州所管辖的繁峙县的旧县志中发现了这么一条记述："东西南北周围数百里，军民杂处"，在"其南五台一带，繁峙居民甚少，旧时多系四野流民自行开垦，遂为村落，亡命不逞之渊薮也，往往为他郡豪右及振武卫官侵为己业。间有不得平者，则投献王府，迩来矿徒交进，其患不知所终者"。可见振武卫官兵及家属除耕种国家划给的屯田外，又以私人之力垦植，甚至是以势侵占田地，从而获得生活资料，定居下来，最终与当地居民融合在一起。后来明朝政府又把他们编入正式户籍，成了当地的合法居民。代县谢家寨的谢氏容（一种排列本家族世系的图表）亦有一条记载："始祖兴公，南京凤阳人也，有弟典公以戎，因俱随明太祖渡江。典公战设柳沟河，无嗣，兴公不愿从戎，遂移民于代郡开屯，今谢家寨即其原占地方也。"

迁入代州的外民不只是上述的少数民族与振武卫的军户，还有国家组织的用以"实边"的移民。元末的战乱使边境之地的雁门关地区的人口大量减少，席公举的《重修庙学记》记道："值至元戊戌（1358年），河东经兵燹，代当南北之冲要，车骑躁蹴甚他郡。民居公廨，诸圣庙宇鞠为邱墟"。十年后，明王朝建立，移民实边。有移自洪洞大槐树的，有来自其他地方的。明洪武十年（1378年）官府统计代州户数为3431户，人口为17590口。洪武二十四年统计，人口就翻了一番，户数为6669户，人口为33250口。这主要是将移来的人口登记入籍之故。代县地名录中也反映出移民的事实，如新高乡张家寨，相传明初由洪洞移民张德山迁居此地，故村名张家寨。刘街原名上街，相传洪武年间洪洞刘姓移此，后此村与附近上街合称刘街。

明王朝大规模进行移民以洪武、永乐、宣德三朝为多，其间从洪洞大槐树下集体移民多次，有移于京师附近的，有移于其他处的，其中就有为"实边"而移到边关所在之地的，雁门关下的代州即移来不少。

这种国家组织的大规模的移民实边在宋金时期就有。

当赵宋王朝平定南方之后，便行解决占据晋北至晋中地域的北汉政权。宋太宗太平兴国年间，分路进攻北汉，一度攻下北部的忻、代诸州，俘虏北汉及山后人民48000余人，尽数安置在河海之间。但到北汉政权被灭，塞下田又缺人耕种，代州、岢岚、宁化一代荒田很多，便又从内地募集农户4000人，移来开垦代州、宁化军的荒田。太平兴国四年到五年（979—980），居住在宋边境外的"戎人"约818户，10393口人，其中代州便移来许多党项族人。从10世纪到12世纪，代州移民十分频繁，新移民与异族不断加入，必然影响了这一地域的文化构成，形成别具特质的雁门文化。但另一方面则由于人口的频繁流动，有出有入，非闭塞一隅，文化的构成也就趋于泛化，失去了独特性。这是雁门文化的一个区域特点，也是其文化特质的悖论。

其次，勾注山隔断了南北的交通，十八隘，特别是东西陉，便成了沟通的要道。在古代生产力不很发达之时，还不能随便凿山打洞，人造通途，对雁门关的依赖就成为一个理性的选择。所以当攻守战伐稍事停息之际，商贸便提上日程。中原的商旅到漠北，进而赴蒙古、达俄国，雁门关是要径之一，也是最主要的通道。近水楼台先得月，这就使雁门关的代州人多有从商者，并产生了好些商界俊才，取得了可观的商业成就。

代州是游牧文化与农耕文化交接带与融合点。代州许多人，特别是明清两代，都是靠商业起家的。如代州望族冯氏做盐业生意致富。杨族中的杨继美，也是个盐商，经营两淮盐业。杨继美因善于经营，闻名遐迩，称其为"盐策祭酒"。阳明堡南关王礼道的刘氏，经营数种商贸，以酒业最著名，号称"刘缸房"。东章的王廷相、上曲梁大汉、城内周白二氏、东南街张氏，都是从商而富，大兴土木，建造宅院。现在代县所存，或仅留遗址的豪华住宅，绝大部分是商家。

但出人意料的是，代州的许多商家并不以商传家，一到以商致富后，即改学儒业，走入仕途之路，令子弟钻研儒家经典，苦读"四书五经"。许多家族简直如有默契，都是以商为用，以儒为体；从商是手段，学儒才是目的。冯氏以商致富后，是全力攻儒，丢弃商业，以致冯氏一门儒业卓著，仕途显赫，"官翰林者九人，官内阁者六人，六部者十一人，都察者五人，官道政大理光禄者又不知凡几……外官，则将军一，督抚二，巡抚一，布政四，按察五，盐运三，道台十三，知府、同知各十四，治中、同判、州同、州判各二十，知县三十八，经历、教授、学正、教谕、训导更不知凡几……"这些官员大都由科举入仕。冯氏一门出"进士十八，举人十五，贡生七十余，秀才不知凡几"。俨然是书香门第，仕官世家。东关崔氏尚宪宗永康公主，封京山侯，食禄一千五百石，子孙世世承袭。但驸马本人与其父亲崔儒则训诫子孙竭力读书学儒，走科举之路，不要依赖荫袭。再看北关施氏。施氏为参加科举所采取的措施，其用心可谓良苦。《施氏世谱》记载其九世祖施重光是怎样改换门庭，由军职通过科举而变为文士的："公讳重光，字庆征，号误生，别号裕吾，贯五台县师氏籍，明万历己卯中乡试十九名，辛丑会试二百八十一名，殿试二甲三十二名，大理寺观政授户部主事……升刑部广东清吏司主事转郎中，封奉政大夫。"施重光本是代州振武卫军户，为什么"贯五台县师氏籍"，改姓师呢？就是为了摆脱军籍，参加科举，转为文士，当他中进士之后，又复姓施了。因为按照武职袭替则例，作为家族唯一舍人的施重光应该袭替其父亲的军职，不能参加科举考试，他于是冒姓师，入五台籍，考上五台县的庠生，取得乡试会试的资格。从此，施氏逐渐从纯粹的武官家族转变成了科举家族，并进入仕途。可见代州人是如何看重以儒出仕的。

"代州由于其商旅'旱码头'的特殊地位和州人外出经商致富反馈的投资，也成为一座空前繁华的重要商埠，州城外还有四大商镇。据有关资料统计，清中叶代县境内有商号700余家，从业者3000余人。仅州城之内即有商号300余家，从业者2000余人。西境阳明堡有商号40余家，从业者200余人。北境广武镇有商号20余家，从业者60余人。东境聂营镇有商号50余家，从业者250余人。峨口有商号20余家，从业者250余人。清乾隆《代州志》中说："昔者干戈扰攘者，今则睹文物声明矣；昔之困敝凋残者，今则殷繁富庶矣"。进入民国时期，《中华民国省区全志》之《雁门道·代州》则记载："如归绥、张北、库伦、新疆、宁夏、五台山等地，皆多代县人，以勤苦耐劳，颇握商业重权，并推州城为'山西西北部一大都会'。"可见代州的商业是何等繁盛，照此趋势发展下去，代州（代县）定会成为一个商业大城市，定会是商业俊彦辈出，人才济济。但现实并非如此。上文所引"推州城为'山西西北部一大都市'"，其实已是强弩之末，所谓"一大都市"，不过是一种文学的夸张形容而已，实则早已落后于它的繁荣期。最核心的表现是以商致富后，对子弟的期望不是成为商贸专材，而是期望他们读书出仕。对于已取得的商业成就只是力争守成，不求扩大。这种重科举出仕的现象是从很早就开始了。据明万历《代州志》记述，从明洪武至万历约250年间（其前后时段不计），代州中举者即有162人，中进士者46人，岁贡、例贡达237人。这些数字是个什么概念呢？《万历志》的编纂者周弘　评论道："三晋府四，州十四，县七十有九，岁举士（指举人）六十五人。代之先有中举至九人者，是代郡当地郡邑（意全省）七之一矣，今少让，然尚得二三人。"这就是说三晋府州县加在一起约有97个（因有的州县为一个治所，故数难精确），代州本应在中举数的65人中，居然最多可达到9人，占七分之一，即使成绩不好的平常之时，也能考取二三人！可见代州俨然是文教兴盛之地。

　　由前一组数字到后一组数字，可见代州人的取舍。当然从绝对数看，前一组的数值高。即使到清民之际亦可观，尽管商业已现出衰象，仍有昌盛的假象。但人们对价值观的定位，却是最根本的动向。把从商作为走向读书仕途的跳板，或儒业无望之后的不得已选择，则是代州人的思想基点。所以，许多以商致富的家

丝绸之路经济带与古州雁门

族，大多是培养子弟读书出仕，而不是着力铺设其从商的成才路途。如冯氏巨族以商发家后，转向读书科举，出了不少诗人、学者、高官，却再没有出现商业俊彦。北关施氏其《世谱自序》开宗明义："余家世韬钤，至奉政公始以文学显"，后世便"思绍其旧"，"刻苦向学"。"韬钤"，军务；"奉政公"，即施重光；"绍其旧"，即指要继承施重光的读书科考而当官之旧业，不再以武事为怀。冯氏族谱中载录的《寿山公墓铭》中说："训子业儒，多方启迪，隆师亲友，供意备至，可见其从儒的恳切。苍天不负有心人，果然其子冯恩领乡荐，监临察院，随给予冠带。"（寿山公即冯恩之父冯天禄）

崇文向学，早已成为雁门关下代州人之难解情结。

战乱的频繁，多民族多地域移民的混融，刻苦经商却颇重儒学，以儒为体以商为用的价值观，构成雁门关文化地域的特质。

二、地域的优势

雁门关是勾注山中的一个重要的隘口，而勾注山是大同盆地与忻定盆地的界山，是桑干河与滹沱河水系的分水岭。从中原通往漠北，雁门关是一个极重要的咽喉之地。山西人北出漠北，雁门关是较理想的径道。战争之时，雁门关为重要的攻防据点，古代有"失雁门便失中原"之语。和平之时，雁门关则又成为商贸的必经之地。在商贸极盛时，雁门关车马塞途，常因争抢道路发生争斗事件。为此，乾隆时特立分道碑，上刻行路规定："正堂禁示：雁门关北路紧靠山崖，往来车辆不能并行，屡起争端，为商民之累。本州相度形势，于东陲另开车道，凡南来车辆于东路行走，北来车辆从西路经由。不得故违，于咎未便，特示。乾隆三十六年三月吉日立。"此碑立于雁门关地利门外。我们可以想象彼时众多商旅，你出我入，呼人驭马，声振四野，驼铃叮铛，鞭声脆响，人喊马嘶，一片繁杂扰嚷之状。

据史书记载，早在汉文帝时（前179—前157）即开马市，与匈奴贸易，匈奴将其牛、马、羊及畜产品运至边境，换内地的粮食、丝绸、铁器（《汉书·匈奴传》）。东汉时，与鲜卑互市，三国时，"鲜卑酋长曾至魏贡献，并求通市，曹操表之为王"。唐朝时疆土广大，交通发达，与外国开有七条通道，五条在陆上，北方有两条，一条自夏州（陕西横山县西）经山西并州、忻州、代州通大同云中道，一条为山西中原地区经雁门古道，过油坊，经中受降城（今呼和浩特市南）通回纥。通过这两条交通干道，中原货物流向亚欧各国，亚欧货物也流入内地。这之中特别是茶马交易，贸易额巨大。《新唐书·突厥传》载："武德七年（624），颉利（可汗）愿款北楼关请互市，上不能拒。"北楼关在代州所辖的繁峙县东北。"不能拒"，可见为强烈要求，说明进行互市的迫切。唐于贞元（唐德宗年号，785—794）中复征茶税，十税其一，岁得钱40万，可见贸易额之巨。北宋时"契丹崛起，时与宋有战争之祸，而通商互市，亦常见于和战之间。当时定例，两国务于分界处置榷场，以为互市所。"（《中国商业史》，转引自《大同史论精选·试论大同边贸历史》）而在勾注山（其中一段即称雁门山，上置雁门关）一线设置的"雁门三寨"，即西陉寨、雁门寨、胡峪寨，都曾设有榷场。榷场中交易之物经由雁门关，自不待言，其他地方的货物有许多也是经由雁门关运输的。

到明清时期，贸易量越来越大，除官方之外，民间贸易更为频繁，雁门关也就更加繁忙，前面所述分道碑就是出现于清代。边贸经由山西商人进一步开拓，通过雁门关走向今天的蒙古国（清代蒙古未独立建国，是隶属于中国的）、俄罗斯，再到欧洲，成为另一条丝绸之路。在这条路上奔波着中国的商队，其中晋商是主力，特别是中俄贸易，几乎由晋商操纵。晋商从全国各地采购货物，经雁门关远出，再分两路运输，出关后一路走张家口（东口），转运至恰克图，进入俄境；一路经杀虎口（西口），运至归化城（今呼和浩特市）转恰克图，与俄贸易，进而进入欧洲市场。雁门关凭着自己独特的地理特点，成为这条丝绸之路吞吐贸易物的旱码头。在今天雁门关的存碑中有一块记述了，某次整修关道时捐款者的名号及事由："山右之有雁门关也，南北通衢，东西要路，迤逦数十里，沙石纷起，飞泉四出，屹屹然称天险也……戊申夏大雨连绵，洪水为灾，山形暴裂，地势大倾，以至往来行旅猝焉中止"，以至一些商旅，千里行来，不能通过，"遥遥道路欲返驾而无从"。一僧人名清珠者挺身而出，"因求、州两大宪转诸部州绅衿，谕令本城四乡各给缘簿一本，募化于经商之必由是路者"。碑阴便刻了捐款者名号，单是有名头的商家即约百家。现存雁门关的重修雁门关道路与靖边寺的布施碑共6块，碑阴镌刻着布施商号名称。其中有张家口的晋商商号近600家，祁县、太原、榆次、平定、上党、包头、萨拉齐、代州、山阴、朔州等地的商号400多家。而这些商号都是"经商之必由是路者"。这充分说明雁门关为通商要道，它占有得天独厚的地理优势。

中国古代曾有多条道路通往各地，以至开辟出走出国门的商道，有的有明文记载，有的名不见经传，其中就有"丝绸之路"、"玉石之路"、"茶马古道"、"茶叶之路"。这之中的"玉石之路"、"茶叶之路"跟雁门关关系最为密切。"玉石之路"的起点是昆仑山，由昆仑山采集玉石，一路向东，穿越克拉玛干沙漠，由天山南口越过大草原，经阴山南麓，再由雁门古道南下，抵达内地。"茶叶之路"可以说草原民族的生命线，他们以肉奶为主食，茶叶是他们必备的生活用品。这条道路南起中国盛产茶叶和丝绸的闽、浙、苏、鄂、湘等省，运茶除走江、汉水道外，即走中原陆路，路经雁门关北上，走东口（张家口）或西口（杀虎口）进入蒙古草原，远及俄罗斯与欧洲。当然，称"茶叶之路"并非只运输茶叶，其他物品，特别是丝绸当是常货，故也可称之"丝绸北路"。

赵荣达所著的《晋商万里古茶路》中写道："离开了晋商财东故里（指祁县、平遥）一路风尘仆仆，经过了太谷、徐沟、太原、阳曲、忻县、原平、代县，来到'天下第一雄关'雁门关。'三关（应作"边"）冲要无双地，九塞尊崇第一关'，雁门关历史是扼控中原，屏障三晋的咽喉。'重峦叠嶂，霞举云飞'，山势之陡峻，道路之险要自不待言，但出入山西又是必经之路。人员、车辆之多往往塞途……作为茶路的唯一孔径，虽然路途险恶，商货不得不翻越，商人不得不叩关！"两个"不得不"，足见此处为必经之路，无可选择，说明雁门关在商贸之道，在"丝绸北路"中所居之重要地位。雁门关下的代州（今代县），自然也就成为一个商都，本文第一部分所介绍的代州商号之多，从业人员之广，商贸的繁荣，就是这个商都的写照。而这一切，都是雁门关的地理形势的赐予。

三、现实的抉择

但是，代州却最终未能成为一个商都。昔日的一时繁华，变做一个想象的世界，一个令人羡慕的童话，一个让代州人自傲的谈资，像阿Q式的夸耀——我祖上比你阔多了！

为什么会这样？我上文论述了一个主观的原因——价值观的取向是重儒。虽不轻商，但鱼与熊掌不可兼得时，便"取其熊掌弃其鱼"了。

当然也有客观原因——社会的大环境。"尝一脔可知一鼎之味"，我们看一看大盛魁的没落吧。大盛魁自清康熙年间成立，到1926年10月倒闭，历经230多年。其倒闭的原因与其他商号之倒闭如出一辙。首先是外国资本的侵入，它们享有特权，如沙俄商人深入我蒙古（时蒙古未独立）、新疆等地进行优惠的商贸活动，使大盛魁的市场日渐缩小。1911年蒙古独立，俄国控制蒙古，享有特权，大盛魁在蒙古的市场渐被挤掉。1921年蒙古再次宣布独立（第一次独立后为中国的北洋政府出兵取缔），在苏联帮助下，于1924年建立蒙古人民共和国，实行公有制，大盛魁在蒙古的财产全部丧失。大盛魁在俄国的财产早在1917年就被苏联没收。至此，其商贸舞台，只剩下内蒙古与新疆的部分，总号资产负债，只得向外举债，并把在绥远（即今呼和浩特市）独资经营的电灯公司出售抵债。在歇业收摊时，号中人又中饱私囊。其财东（祁县人）将家产赔尽，连日常生活也维持不了，名扬中外的大盛魁退出了历史舞台。

其他商号的衰败，当然各有其具体原因，但同处于一个历史大环境中，其命运遭际则有其一致性。

历史已翻过了那一页。今日已是阳光灿烂的二十一世纪，经济全球化，许多国家走出国门，与世界接轨，取得双赢的效益。中国曾经是丝绸之路的创建者。丝绸之路使东西方国家之间得以相互融合、交流、对话，为人类的共同繁荣作出过巨大的贡献，有经济的、政治的、社会的。

今天，我们一定要接过祖先的这个接力棒，将这一道路更加拓宽，与相关的国家或地区携起手来，共同开创，共同发展。

处在丝绸北路，雁门关下的代县，将如何应对呢？

首先要改变我们过去的价值观，对工业企业、对商贸企业要有正确的认识，应给予足够的重视，接受我们祖先特重读书出仕而视工商为小道的观念教训。这里隐藏着一个重大的学术问题：

传统儒学是否为阻碍经济发展的罪魁祸首？这里涉及对传统儒学的性质与定位问题，不是本文论证的内容。这个论题在２０世纪８０年代曾热议过，正反两面皆有掷地有声的道理，此不赘述。其间有人曾以韩国、台湾等地都曾是儒学占有重要地位的，但它们都是亚洲四小龙的成员为论据，以此证明儒学不是阻碍经济发展，而是能促进经济发展的（这个问题不是如此简单的，自当别论），此论曾喧嚣一时。我们这里无须涉及这一艰深的学术问题，我们只要认识到如今的世界已不是过去的世界，而是以发展经济为中心的新时代。我们要放弃过去的陈腐观念，融入时代潮流。我们认识一个人的价值，不在于你干什么工作，而在于对社会的贡献。代县人曾经是晋商中的一支，且是强势的一支。他们曾为代县创造过辉煌的业绩。现在代县的许多大专毕业生，宁可待业，也不愿或没勇气下海创业，也是受那种传统思想的影响的。所以改变旧观念，适应新形势，是我们发展经济的第一步。

其次，那些现在已取得可观业绩的企业家，应树立做强、做大、做久的信念，并意识到现有状况的危机性，增强企业转型或走出县域、省域和国门的勇气。代县现今的两大龙头企业是铁矿与房地产，那些腰缠亿元的大款大多是，或者说基本都是从事这两大行业的。许多人坐拥巨资，悠哉优哉，想的是如何享用，而不是开拓发展。目前看，房地产行业所建楼舍很多，市场已近饱和；铁矿业则是矿主满山，竭力挖掘，还能开采几年？能否在一个长的时段中可持续发展？不在考虑之列。更可虑的是其所追求利益最大化的手段不是靠科学开掘、科学管理，而是靠增加劳动强度。特别是一些不能三班倒的企业，如建筑业的工人每天工作10小时，还尽量降低工资，更可虑的是矿业的生存全靠铁矿粉的涨价，一旦价格下跌，便只能坐以待毙、束手无策。矿业高管人员缺乏科学知识，不会向科学要效益。许多矿产的创业者凭着胆大冒险起家，运气或说命运是其成功的"关键"。据悉，一家矿业原来二人合作，苦干一年，却亏了本，其中一人只好退出，另一人凭运气要再闯一闯。可巧，第二年铁矿粉涨价，以后几年连续上涨，此人是日进斗金，成为全县有名的大款。于是，掌管运气的神佛便成了企业家顶礼膜拜的对象。发了财，或想发财的人便大修寺庙，一掷百万。你只要略一留意，便发现企业家们几乎是家家供财神、户户拜观音。有钱者不惜巨资，一尊巨人的神像（武财神关圣帝君）供在大厅中。想升官的人，情况亦如此。目前一些地方迷信方炽，这就是一个主要诱因。

代县的许多企业家资金上亿，上几十亿的多得是，也取得了办企业的经验，走出去，开创另一天地，已够条件。之所以不离故土故业，争吃窝边草，主要是思想认识问题。第一代企业家已功成财聚，不想再受艰苦，第二代企业家没有上一代被逼上梁山的紧迫感，也就没有了闯荡冒险的魄力，且认为本土的矿源也不是三年二年就会枯竭的，到开不出矿时，家中的财货已可累积如山，子孙后代已足用，至于他人、社会，是不在考虑之列的。

但是世界事物，往往是不进则退，"富不过三代"，已成了许多有钱人的摆不脱的谶语。如果不进取，只能是后退。所以要居安思危，要有危机感，才能立于不败之地。目前又是形势大好，机遇临门。习近平主席在出访蒙古人民共和国时讲到，"中蒙双方将进一步明确矿产资源开发、基础建设、金融合作三位一体，统筹推进"的经贸合作思路，以互联互通和矿能大项目合作为优先方面，推进两国务实合作取得新突破。他们需要资金，需要市场，中国都有。就是说，中国投资办起企业，产品中国可包销，不用愁滞销压成本。据悉，蒙古国的矿藏储量丰富，就是无资开采。代县企业家是有这方面的条件的，失去这样的机遇岂不可惜！道兴则业兴，路达则福达。古人——其中有一支即是代县人的祖先，在大漠戈壁"驰命走驿，不绝时月"，商队络绎，奔波劳顿。他们足迹在先，今天我们要后继有人。大盛魁败落的客观形势，今日已不复存在，蒙古国给提供便利，中国政府支持，客观条件大好，东风已吹起，而缺的则是大盛魁的创业精神。我们与蒙古国的这条丝绸北路经济带是具有良好的态势和光明的前景的，因为我们地缘相近、文化相通、经济互补、休戚与共，我们的合作一定会促进相互的经济发展，造福两国人民。在历史上，中原人，其中的代县人走大库伦（即乌兰巴托市），在那里经商的人特别多，今天留居在那里，成为其国民的人也不少。我们难道不能成为他们的后继者？

"'国之交在于民相亲，民相亲在于心相通'，心相通关系着丝路经济带建设的民意基础，最为核心和持久。而文化是沟通不同民族、不同国家之间感情和心灵的桥梁，是促进民心相通的关键。情相近、心相通、梦相同。丝路经济带是经济共同发展、多元文化交流……提升两国人民互信，促进国家共同进步的关键所在。"（《人民上报》共享丝绸之路特刊第10期，《俄罗斯：跨越亚欧的希冀》）为自己、为企业、为国家，我们要抓住这个机会，为丝路经济带作出贡献。

再次，政府的作为。《山西日报·政治周刊》载文，《企业家成长，政府要有更多作为》：全省民企95%以上是家庭型企业，第一代创业者经过20多年打拼，不少已到了花甲甚至古稀之年，未来一段时间，将进入民企交接班高峰……对第二代来说，多数有海外留学经历，学的是工商管理，优势是视野开阔、善于创新等，但缺乏阅历，打拼精神不够，缺乏交际能力等，对历史文化和国情省情也了解甚少，需要培训这方面的知识。于是省政府组织培训班。今年8月6日，山西财经大学国际交流中心办的"晋商大讲堂"再次开讲。而代县的企业家、代县的二代企业接

丝绸之路经济带与古州雁门

班人，还没听说谁是海外留学归来者，那就更需要政府出面，督促他们参与培训，或介绍他们赴省城学习，使之能以科学办企业，能顺利使企业转型，或走出县域，到外开拓。当然政府不能直接干预企业的接班或经营的"家务事"，着眼于完善市场体系，健全法律体系，促进各类经营人才的培养成长，进而实现民营经济的健康发展。

雁门关下的代县，曾经是个商贸大县，从商人数之多、商号之多、业绩之辉煌，为代县谱写成一曲恢宏之歌。但因受儒文化的影响，把科举出仕抬到一个压倒一切的地位，从商之道便退居其次，代县没有建成宏伟的商贸大厦，却形成了一个文化之地。时至今日，总括"雁门精神"为："崇文、明理、包容、进取"，而"崇文"便成了雁门精神的第一要义。

雁门关—代县，这是一个不可分别的整体，前面论述过，这一"整体"的最主要特点就是其边界性与要隘性。这种特点反过来又造就了这一地域的文化特质。多民族、多地域的族群共生，生活在商道要隘附近的人的谋生手段，长时段多人员到外地，甚至是到国外的经商活动，实践的锻炼，耳濡目染的熏陶，从业人员的相互引荐，都是构成雁门关—代县人的文化特质的要素。只要我们把"儒"与商摆在一个合适的位置，以"明理"的聪敏、"包容"的气度、"进取"的精神去拼搏，定会在"一路一带"的共建共荣中走出一条新路来，而思考的分寸就在于抑扬之间——克服惰性，发扬优势，再创辉煌。

（作者系代县退休干部）

山西代县太子（扶苏）庙及其信仰调查报告

张　玉

调查时间：2014年7月20日

调查地点：磨坊乡杀子河流域

考察组成员：唐启翠，上海交大副教授

　　　　　　杨　骊，四川大学副教授

　　　　　　张　玉，上海交大博士

协　助　方：代县雁门文化研究会、代县上磨坊乡人大

调研行程：红泥湾村—赤土沟村—小西庄村—里回村—

十里铺村—磨坊堡—下门王村—上门王村—朴村—神涧村

录音整理：

一、被采访人信息

李永平：43岁，上磨房乡十里铺村人

王占平：41岁，上磨坊乡小西庄村人

王　莲：80岁，上磨坊乡小西庄村人

庞永厚：52岁，上磨坊乡赤土沟村人

庞顺顺：45岁，上磨坊乡赤土沟人

陈天才：60岁，上磨坊乡里回村人

二、访谈内容

问：各位好!你们都来自哪个村呢？

李永平：我是十里铺村的。

王占平：我和那边那位大爷是小西庄村的。

庞永厚：我们俩是赤土沟村的。

陈天才：我是里回村的。

问：那咱们就从十里铺村开始说吧。你们村离县城多远呢？离滹沱河又有多远呢？

李永平：我们村离县城十里地，所以叫十里铺。离滹沱河有3公里。

问：听说你们村附近还有一条河，是这样的吗？

李永平：我们村附近还有一条河，叫"杀子河"。杀子河流经十里铺村3公里后进入滹沱河。

问：为啥叫"杀子河"呢？

庞顺顺："杀子河"的由来与扶苏太子有关。当时扶苏太子镇守雁门关一带，秦始皇出巡时在半路上驾崩后，胡亥及赵高假传秦始皇的圣旨，让扶苏自杀。扶苏太子比较忠，那时候"君叫臣死，臣不得不死"。于是，扶苏走到红泥湾一带自杀了。因为是秦始皇的圣旨让扶苏自杀的，所以这条河也叫"杀子河"。

王莲："杀子河"也叫"恨斯河"，就是恨李斯的意思。

问：为啥是在"红泥湾"这个地方自杀的呢？

庞永厚：红泥湾取名红泥湾，是因为扶苏是在这里拔剑自杀的。扶苏自杀后，鲜血染红了泥土，所以这个地方就取名为红泥湾。

问：你们当地还有些什么地名呢？

庞顺顺："赤土沟"的名字也与太子扶苏有关。太子扶苏自杀之后，大将蒙恬依然打算进京为太子辩解。因为他非常留恋太子，所以就抓了一把太子死的地方的泥土，然后吃到肚子里。于是，当地就取名为"吃土沟"，后来觉得吃土沟不太好听，所以改名为"赤土沟"。

庞永厚："神涧村"、"门王村"这几个村的命名也与扶苏有关。扶苏自杀后，蒙恬及其部属继续往前走，过了赤土沟之后，走到了现在的神涧村，他们看见天上的云朵呈现为太子扶苏的模样向他们招手，以为太子成了神人。所以，这个地方就叫做"见神"，后边觉得"见神"叫着不顺，所以改名为"涧神"，又颠倒了一下改名为"神涧"。然后继续走，走到现在的门王村，蒙恬、蒙毅迷路了，于是，这个地方就叫做"迷亡"，后来又叫做"蒙亡"，意思是蒙恬死亡在了这个地方。后来当地觉得不吉利，所以改名为"门王"。

问：那你们当地有哪些和太子扶苏相关的物体或者建筑呢？

陈天才：杀子河里有两种石头，一种是红色的，一种是白色的。红色的是太子的鲜血染红的，白色的是石头为太子戴孝。

问：你们当地是怎样来使用这两种石头的呢？

陈天才：我们平时建房等之类的，不会使用杀子河的红、白这两种石头，表示对太子扶苏的爱戴。另外，我们里回村还有太子庙，也叫"太子殿"。

庞顺顺：我们村的庙也叫太子庙，刚刚进行了返修，十五天前举行了开光大典。

问：你们知道最早的扶苏庙应该是什么时候的呢？

王占平：这个年代太久远了，现有知道的最早的太子庙应该是庙梁山上的那座庙。据说太子死后，士兵们就把他埋在红泥湾对面山上庙梁山后边的油娄盖，所以最早的扶苏庙也在庙梁山上，以方便就近祭祀。这个庙很多年前就塌了，据说是神一晚上把这个庙搬到了附近的18个村。我们村的太子庙里的一块碑，那块是重修扶苏庙的碑，那上边的年代已经是明万历年了。

庞永厚：我们村的太子庙是从其他地方迁过来的，其中一块碑上的年代是嘉靖年间的。

问：那你们这里总共有多少个太子庙呢？

庞永厚：我们代县的18个村都有太子庙。

问：我在代县文物地图上只看到赤土沟这几个村有太子庙。还有那些村有太子庙呢？

庞永厚：很多都是"文化大革命"时被毁坏了。我们村的是旧庙，其他村的都是近些年翻修了的，像里回村这样的。

问：当地还有些什么传说呢？

庞永厚：关于扶苏太子的传说在当地很多，说法也很多。扶苏太子因为自身比较软弱，所以秦始皇派他到北方监军，让他锻炼一下。据说秦始皇是被人害死的，大概是赵高他们。如果不害死秦始皇的话，那么秦始皇肯定不会让害死扶苏的。秦始皇死后，人们在他的头发里找到一根钉子，这就是我们这儿人死后要剃头的来由，因为这样才可以找到他的死因。为啥扶苏死在赤土沟一带呢？因为当时蒙恬他们不让扶苏自杀，觉得死也要死个明白，应该进京面见秦始皇。后来他们走到现在的红泥湾一带，扶苏想，进京面见皇帝是欺君之罪，不忠不孝。所以与其进京死，不如在这里死。进京死的话，自己死了，名誉也毁了。在这里死了之后，还可以落个忠孝的名声。

问：你们平时都举行哪些与扶苏相关的什么活动呢？

庞永厚：因为太子爱民如子，所以我们平时生活中有什么解决不了的问题就会到太子庙去向太子祷告。特别是每年农历六月二十日，我们一般会举行庙会，对太子进行祭奠。

问：你们这儿的庙会唱戏吗？

庞永厚：唱。

问：都唱些什么戏呢？这些戏与其他戏有什么区别呢？

庞永厚：一般会唱比较郑重一些的戏，如晋剧、豫剧、北路梆子等；而耍猴、道情这些小戏不能唱，因为这是对太子的不尊重。我们也不唱《杀子报》、《斩子》这些戏，赤土沟就曾经有这么个教训，那次赤土沟唱了一次《杀子报》，戏还没唱完，一顿冰雹就打下来了。从此决定再不唱和"杀子"有关的戏。

三、现象分析

（一）人：神VS历史：神话

"杀子河"位于山西代县中北部，传说因太子扶苏在该河畔自刎而得名。杀子河又叫"恨斯河"，取其"恨李斯"的意思。它发源于代县上磨坊乡红泥湾村北部的夹石沟，流经上磨坊乡的红泥湾、赤土沟、小西庄、里回村、朴村、十里铺等村，最后在上磨坊乡十里铺村东南流入滹沱河。据《代县水利志》载，该河干流长度15.37公里，流域面积21.4平方公里。

典籍上有与"杀子河"相关的事实的记载。《史记》："使者至发书，扶苏泣。入舍内，欲自杀。蒙恬劝阻扶苏曰：'陛下居外，未立太子……今一使者来，即自杀，安知其非诈？请复请，复请而后死，未暮

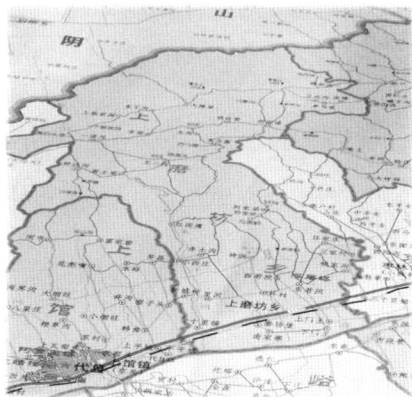

代县磨坊乡水文及村落分布图

也。'"唐代诗人胡曾在《杀子谷》一诗中写道:"举国贤良尽泪垂,扶苏屈死戍边时。至今谷口泉鸣咽,犹似秦人恨李斯。"陶翰的《太子崖》:"扶苏秦帝子,举代称其贤。百万犹在握,可争天下权。束身就一剑,壮志皆可捐。塞下有遗迹,千古人共传。疏芜尽荒草,寂历空寒烟。到此尽垂泪,非我独潸然。"

然而,在民间传说中,扶苏的故事更多地带有了神话色彩。扶苏由太子转变为神,在代县的18个村里建有太子庙,享受香火祭祀。扶苏由文弱的书生转变为能够为人民百姓解忧的万能的"神"。在由人到神的转变过程中,历史也就慢慢带有了神话的色彩。

(二)命名理据

从命名学的角度来讲,每一个"地名"的背后都应当有一定的命名理据的,即这个地方为什么叫这个名字。从"杀子河","王二沟"这些地名来看,潜在的谴责对象应当为"秦始皇",所以才有"杀子"、"亡儿"一类的说法。因此,由此推断,"杀子河"、"亡儿沟"、"红泥湾"、"神涧"、"门王"等这些村的命名应当与扶苏的部属或者后代表彰"忠孝"、"仁爱"的儒家学者,很有可能他们就是始作俑者。

专家建议:

1.建议联合省、市考古所对庙梁山后的油篓盖墓群进行抢救性考古挖掘,在建立当地考古挖掘资料系统的基础上,确定其是否与历史人物"扶苏"有关。

磨坊乡红泥湾油娄圪垯墓葬遗址上散落的陶器碎片

2.对考古挖掘出的人骨进行体质人类学的鉴定研究，确定其是否与扶苏及其部属有。

3.对陕西榆林市绥德县的扶苏墓、蒙恬墓及相关传说进行考察，确定两者之间的关系。

4.对当地的太子庙数量、形制及相关传说进行进一步的考察了解，分析出太子庙在本地盛行的根本原因。

5.进行秦代服饰、生活等相关文化的研究，以使得太子庙的塑像服饰及壁画等更接近真实。

（作者系上海交通大学博士）

丝绸之路经济带与古州雁门

长城雁门关段要保护哪些特色历史文化成分

——用认同文化观点解读长城雁门关段文物价值

杨继东

　　把长城雁门关段保护好，必须研究其历史文化价值，找出其在"人"和"社会"发展中所起的作用。对长城雁门关段的历史价值、文物价值和科学价值，众多史家一直把研究的切入点和焦点集中在"天下九塞，雁门为首"（《舆图志》）的军事领域中。《吕氏春秋》为后世立题千年："天下九塞，勾注其一"。于是乎，史学家围绕着战争、战事、历史、军事、人物在《廿四史》中大论成败，大写雁门；诗人们写出近千首咏叹战争带来的灾难和军事人物悲喜的诗。"远与君别者，乃至雁门关。"（《古风》唐李白）"昔别雁门关，今成龙庭前，惊沙乱海日，飞雪迷胡天。"（《古离别》南朝江淹）由于雁门关军事文化研究的繁荣，扼控雁门关的代州古城也被拉进单纯的军事文化研究视野，其北城门题额为"云屯广武"，东门为"屏藩京巍"，西门为"车辅晋阳"，即是支持这一研究重点的有力佐证。

　　但是，今天我们如果站在用"文化统一力""建立多民族统一国家"这个更高的平台上，用"文化认同"这个大观点中的诸观点，在"人"和"社会"发展进步这个更广阔的领域中解析长城雁门关段修筑的原因及修筑成后发生重大历史事件的复杂成分，马上会进入一个更广阔的历史文化领域，发现更多的历史文化宝藏。挖掘、整理雁门关长城段蕴藏的多元特色历史文化宝藏，维修和保护反映这些特色文化的载体，是实施国家文物局《长城保护工程（2005—2014）总体工作方案》的具体化、可操作化和地域特色化，是保护好雁门关及其白草口长城的必然要求，更可为丰富长城文化、梳理长城在人和社会发展中的脉络起到抛砖引玉的作用。

一、用"文化认同"观点诠释雁门关作为"中华第一关"的显要位置

"中华第一关——雁门关"是罗哲文老先生七次考察雁门关后的题词。猛一看"题词"有点突兀，但是用"文化认同"的观点咀嚼、分析积淀在长城雁门关段上的丰厚文化蕴藏，马上会感到这个题词的准确性、科学性。雁门关与山海关相比，山海关的历史定位是明长城的东起点、入渤海点和护卫京师的东北门户。而雁门关则是西周第五代君王穆王西巡时和少数民族犬戎发生冲突的地方，其上还有赵长城、汉长城，更有明长城。雁门关与嘉峪关相比，嘉峪关虽自古为东西交通要冲，但其在明洪武初冯胜下河西时，以其地势险要，才筑城置戍，是明长城的西端关口，而雁门关最早的记载是赵武灵王扩地千里，推行胡服骑射时即设塞筑城置戍。

周穆王距今3000余年，赵长城距今2300余年，雁门关的地质构造则为上亿年，此为中华第一。长城雁门关段一直是我国古代北方少数民族进逼中原或入主中原时的要隘和通衢，此亦为中华第一。特别是3000余年在它身上积淀的文化成分更为丰厚，在它身上印上了"人"和"社会"发展足迹的深深烙印，这能不能说第一，请看下边对长城雁门关段文化特殊性的分析。

特殊性之一：长城雁门关段拥有许多"古老文化竞争力"的史实例证。现代有个观点叫"全球化"和"民族国家文化认同"。"全球化"的一个重要表现方式就是"文化竞争力"，即"文化渗透"、"文化侵略"。其结果是一种强势文化通过"渗透"和"侵略"，消灭另一种文化或文明。在近代文化渗透表现在传教士出国传教布道，在现代则是以经济、社会发达地区为中心，通过媒体、名牌产品、稀有商品、文化娱乐的方式，向落后地区渗透。在我国古代，"出巡"是一种典型的"文化竞争"：如周昭王南巡、秦始皇国内巡、隋炀帝突厥巡。出巡有浩大的队伍、威严的仪仗、先进的兵器、发达的交通和运输工具、灿烂的饮食服饰文化、抵御各种自然灾害和人为伤害的能力，所有这些都是综合"国力"的体现和文化竞争力的表现。发达地区的政治威望、经济实力、军事实力等先进文化因素集中体现在出巡中，通过出巡队伍，将强大的文化竞争力散发、渗透在所巡视的地方，使那些少数民族部落朝服纳贡。

出雁门关西巡有据可查的史实是周穆王。周穆王（前976—922）名满，为西周第五代君王，至他即位西周历50年，且国力出现衰退征兆。他在位27年主要做了两件事，一是北伐少数民族部落犬戎，一是北伐后西巡至昆仑山（今新疆）。《穆天子传》卷一详细记述了这一历程。该书是古人根据西晋公元建康二年河南汲县魏襄王(战国)墓出土的竹简整理而成。史实可靠详细，学者认为是周穆王的《起居注》。《穆天子传》云："甲午，天子西征，乃绝隃之陉隥，己亥至于焉居，禺知之平。""绝"，为"穿越"，"隃"，晋人郭璞注为雁门山。《代州志》（万历版）对这个史实作这样的阐述："銏隥，穆天子至此作黄竹诗。《水经注》曰：陉山（雁门山）南北有长岭，岭上东西有通道，即銏隥也"。《山西通志》（光绪版）主编撰杨笃考证銏隥即古雁门关之西陉关或铁裹门。这次西巡维护了沿线少数民族对西周的臣服纳贡。是有据可查的文化竞争力积淀起始。

在雁门关上展示文化竞争力，对于中华民族"人"和"社会"的进步有着深远的影响。因为雁门关是黄土高原和蒙古高原的自然结合部，是农业文明和草原游牧文明冲突融合带，所以周穆王通过西巡维护了各民族的团结统一，在传播中原文明的同时，也会吸纳草原游牧文明的精华。

特殊性之二：长城雁门关段拥有许多"文明冲突"和"民族国家文化认同"的史实例证。"民族国家文化认同"涵纳着社会进步过程中出现的这样一种现象：在广泛意义上的血缘、地域基础上，通过整合能整合的语言、宗教信仰、传统风俗、共同认可的社会秩序、经济秩序、政治秩序等这些主流的意识形态。在此基础上描绘出一个更高的社会发展奋斗目标，获取更高的民族利益，把"人"和"社会"推向一个新的发展层次。

当国家民族文化认同的内在需求达到一定历史阶段，就不会是"出巡"式的文化渗透和侵略，而是要爆发"文明冲突"。"文明冲突"的直接表现形式是用战争的手段达到经济侵略或"统一"的目的。"所谓文明冲突，实际上根源于处于一种文明的群体，对另一种文明和群体的蔑视。它本质上不是文明间的冲突，而是自以为处于中心的、具有优越感的人群间的冲突。具有优越感的人群，为了本民族的国家利益，背离其所处文明规定的路径，而产生的欲望膨胀和霸权扩张。"（傅华，《全球认同与民族国家文化认同》，《光明时报》2006-04-18）

"人"和"社会"发展过程中出现的这两种历史现象恰恰以缩影的形式出现在长城雁门关段上。综观《三关志》这样的史实俯首即是。契丹族和女真族的崛起(宋、金、辽的战争)就是雁门关发挥了中原文明输出的"口岸"作用，使契丹和女真族迅速达到新一个层次的国家民族文化认同。而女真族则同时吸收契丹族和中原文明从而实现了灭辽、灭北宋，入主中原的"新目标"和"新利益"。

公元902年，耶律阿保机亲领40万大军越雁门关入内地，从今山西、河北两省掳掠95000汉人和难以计数的骡马牛羊，并让这些人筑城郭安置，城内搞手工业，城外搞农业生产。这样的州县有"龙化州"、"临潢县"、"檀州"等。金灭北宋的路线更能体现出雁门关的"口岸"作用。公元1125年(宋宣和七年)金发动了灭宋战争，兵分东西两路，东路由翰离不率领6万大军，从北京出发进逼开封，西路则由粘罕率领，兵士亦为6万，从辽西京(大同)，出雁门关攻打太原打逼开封。金兵占领开封后要把宋王朝的象征徽宗、钦宗及皇族和大内物品(这是中原文明的精粹)也要搬回老家，也就是今天黑龙江的依兰县(五国城)，押解徽宗钦宗的路线即为原进攻路线。宋、辽对峙，金灭北宋的历史过程以及金由奴隶制向封建制转化的过程以立体的形式生动地展现在长城雁门关段。而这个过程也是一个民族"国家文化认同"和文明冲突的过程。

特殊性之三：长城雁门关段拥有调控"文化认同"过程机制的史实例证。民族国家文化认同是一个较长的过程，"文明冲突"也是一个间断而持续的过程。这些过程是包括文化竞争力在内的综合实力的由量变到质变的过程。在"文化认同"和"文明冲突"发生时会引起双方特别是弱势一方的政治局势动荡、社会秩序混乱、经济秩序崩溃。同时强势一方由于要向社会新目标迈进，原来的政治结构、经济利益分配都会受到调整，引发政局的振荡。统治集团甚至会引火烧身，受内外夹击，遭灭顶之灾。正是在这一过程中，雁门关以其险要的自然、军事战略位置，维护了文明冲突双方政治社会秩序的相对稳定，加速了双方的经济、政治、文化融合，发挥了"和而不同"的调控作用。

赵武灵王能在历史上写下浓浓的一笔终把赵国推向战国七雄之一，就是把这个过程调控得当才取得的。赵武灵王和其他历史人物一样，奉行的调控哲学基础正是"和而不同"。

公元前325年赵国的第五代君王瞒即位，是为赵武灵王。此时的赵国经齐、魏等国制造的"邯郸之难"，元气大伤，中山国和北方少数民族亦频频犯赵，赵国只有在战略上采取守势。而雄才大略的赵武灵王即位时年23岁，他要扭转这种局势，他讲"简、襄主之烈，计胡翟之乡"、"襄主并非取代以攘诸胡"，他要"继襄王之烈，开于胡翟之乡"（《史记·赵世家》）。他要学习其祖赵简子、赵襄子，吸纳北方少数民族军事精华，启动民族国家文化认同，爆发"文明冲突"，以把赵国带出困境走向强大。

首先，他学习其父赵肃侯修南长城的做法，修北长城，扩地千里，置九原、云中、雁门、代郡四个地方郡治。北长城的走向和起点为今河北蔚县—雁门—内蒙大青山，全长1000余公里，此时赵武灵王借勾注险山筑长城并置塞。"周安王二十六年，三卿分晋，代属赵，有勾注之胜……武灵王破林胡、楼烦，筑长城，而代为塞。"《代州志》（万历版）。赵长城是阻挡了少数民族掳掠经济的无序和无限制进行，并没有隔断经济交往，而是规范了军市。赵武灵王迁内地之民屯垦戍边，军垦可开设军市，市租为守将享用支配。同时赵武灵还开始了民族国家文化认同的大进口。

其二，胡服骑射。胡服骑射是赵武灵王在赵国进行的政治观念、军事制度的双重改革。推行这项改革，朝内重臣赵成、赵文、赵选、牛瓒等强烈反对，几乎导致王位危机。但是，赵武灵王成功驾驭了文化认同过程。用"长城"和"要塞"扼控了外来冲突，避免造成经济、政治局势动荡。用"长城"和要塞又成功地输入了外边的先进文化，发展壮大赵国的综合实力。至少"长城"和"雁门要塞"在这段民族国家文化认同过程中起到了积极的调控作用。

特殊性之四：长城雁门关段拥有用文化认同（文化统一力）"构建多民族统一国家"的史实例证。读《廿四史》，从春秋战国到明清时代长达2000余年的历史，各个历史阶段掌控雁门关的主人，民族身份各不相同，仅战国秦汉时就有汉族、匈奴、东胡、乌桓、鲜卑、丁零、月氏、乌孙等。但无论哪一族，只要掌控了雁门关及长城，他们就要用汉族的思想和文化统一他们的部落王国。这就是文化统一力的运用和实践。目前在雁门关及长城附近保存的宗教场所有李牧庙（古称李为李长城，被奉为长城之神）、马神庙（战争动力）、关公庙（忠、信、义、勇道德楷模）、观音菩萨殿、北斗山神庙，供奉的神灵还有玉皇大帝、土地、水神、木神等等。这些神灵无论哪个民族都能崇拜信仰，使民间的信念统一，思想统一，然后服从国家的统一。譬如北魏禅封雁门关的主峰，辽、金在雁门关建了崇福寺和应县木塔、元代建了代州阿育王塔、扩建了代州文庙，而且上述建筑均成了现在的全国重点文物保护单位。这就是"文化认同"，这就是"文化统一力"。

特殊性之五：雁门关拥有托起少数民族王朝入主中原的史实例证。我国古代北方一些少数民族崛起的步骤是先统一北方内部，以雁门关及长城为界，发展壮大自己，积蓄实力，特别是吸收汉族的官制机构、统治思想，然后入主中原建立多民族的统一国家，典型例子有北魏王朝的鲜卑拓跋氏。太元二年（387）道代帝亲征列显于马邑，清楚雁门关长城以北的障碍，六年占据马邑的正胡酋长大幡颓和业易于率3000余家降魏。皇始元年

（396），拓跋珪以马邑为大本营率40万大军，出雁门关，越长城，亲征关南的燕国慕容垂，征伐队伍旌旗经2000余里，鼓行而前，民屋皆震。天兴六年幸平城，在夏屋山（雁门山）大筑新邑开始兴建平城都。以上史实见《魏书·大祖记》。泰昌四年（419）拓跋翩幸雁门，至雁门关后望翩恒岳（《魏书·大宗记》）。公元398年（北魏定都始3年）拓跋珪迁都平城。开始了入主中原的一系列准备。一是在398年迁太行山以东6州吏民36万、百工使巧10万余口安置于雁门关北（"南极阴馆"）建立"畿内之田"、"息众课农"、"计口授田"（《魏书·食货志》），实现游牧经济向农业经济的转化、奴隶制向封建制的转化。第二件大事是决断过不过雁门关及长城迁都到洛阳。太和十八年，太子元恂反对南迁洛阳，元恂及朋党元隆积极支持，决定留元恂在平城，他以起兵占据雁门关及长城，特别是派重兵扼守东陉（今雁门关）、西陉（古雁门关铁裹门），图谋以长城雁门关而北据（《山西通志》光绪版）。北魏王朝统一中国北方的"畿内之田"和"规据陉北"，都是以雁门关长城为界，可见长城雁门关段对北魏崛起的历史作用。

特殊性之六：长城雁门关段拥有"雄关造英雄，英雄造雄关"的史实例证。据《雁门关志》（作者刘培德、崔焕奎，1998年版）不完全统计，从正史和《代州志》摘录出影响朝代更替的大事多达227起，如赵简子、赵襄子父子灭代国和宣统三年张瑜阴十月初九越过雁门关占领代州城灭清。在构建多民族统一国家中，在雁门关名人之间发生的"文明冲突"，以至给社会发展带来重大影响的战争271次（见于正史），如汉高祖七年刘邦和匈奴冒顿单于在雁门关经过较量定下的胡汉和亲国策。"英雄因关而名，名关因人而名"这个地理人文环境或曰民族文化认同过程造成的历史文化是独放异彩的。典型的历史事件是沙陀族的李克用父子与雁门关互为依托成就了一番后唐大业——五代后唐的创建。《旧五代史》（宋薛居正等撰，中华书局）把神化了的雁门关和神化了的沙陀著名历史人物李克用从精神上和命运上融为一体。两者的血肉关系为：雁门关使李克用身上体现出神化的光环，李克用又使雁门关势挖朱温，威震长安朝廷。

第一，李克用的生死与雁门关息息相关。"唐大中十年丙子岁九月二十二生于神武川之新城（今应县西北）"、"在妊13月，载诞之际，母艰危当竟夕，族人优骇，市药于雁门（今雁门关下的代州城），遇神叟告曰："非巫医所及，可驰归，尽率部人，披甲持旌，击征鼓，跃子大躁。环所居调而止。"就这样李克用在雁门关神的指点下，在"母艰危者竟夕"的情况下诞生了。李克用死后自择陵地归葬雁门。《旧五代史》载曰："天佑五年正月戊子朔，武皇疾革。辛卯，崩于晋阳，年53。"葬于雁门。

第二，李克用及沙陀族的命运与雁门关息息相关。唐乾符三年，"时岁荐饥"，代北（雁门关北）水陆发运、云州防御使段楚"稍削军食"，时任云中防边督将的李克用在边校程怀素、王行审、盖寓、李存璋、薛铁山、康君立等大将的拥立下从雁门关杀入云州，杀段文楚，自代段之官职。该年冬天李克用父子为了扩大势力，讨伐数次，结果丢失了雁门关，开始了亡命生涯，备受歧视和冷遇。黄巢起义之火烧到长安，唐朝廷无奈之下招抚李克用父子，任命李克用为大同军（驻代州）防御使，这才又以雁门长城天险扩张自己，平黄巢，打幽州，灭朱温，为其子建后唐打下了基础。

雁门关、沙陀李氏和唐末五代的关系，谁也分不开谁，谁也离不开谁，史家只能一并记入中华民族的社会发展史中，一并记入民族文化认同过程中。

二、用保护物化载体的方式保护长城雁门关段的特色文化成分

莽莽长城雁门关段作为"人"和社会发展的历史线索，穿越了汉民族和我国古代北方少数民族文化认同的2300余年的过程；它作为一个古代多民族统一国家民族间文明相互冲突融合、共同发展的文化认同主线，穿越了3000余年的历史过程；它作为一个历史进化演变平台，使周穆王、赵武灵王、刘邦、隋炀帝……猗卢、冒顿、拓跋珪、阿保机、耶律德光、阿骨打、忽必烈、顺治等演出了波澜壮阔、惊天地、泣鬼神的历史大剧。事已过，人已去，但作为无形的文化已沉淀在那些肢体残缺的物化载体上，即文物点上。需要指出的是，上文分析到的6个特色文化成分，并不是全面的精确的，更不能涵盖长城雁门关段的全部，特别是雁门关作为一个地域位置盘踞要冲，历史功能重要巨大，建筑规制别具一格，所有这些文保亦在保护之列，且为重点保护对象。更需要指出的是雁门关的建筑规制文化，营运机制文化，上节并没有叙述，经过初步普查，雁门关长城段在其周围地域内的文物点62处，有文化直接联系的分布在本县境内的文物点百余处。如39堡12联城、烽火台、赵武灵王庙2处、扶苏太子庙1处、蒙恬墓1处。为此，笔者认为，长城雁门关段文物保护的重点应当是：

第一，要保护好长城雁门关段的源头文化物化载体。代县的长城有据可查的记载则为赵长城，可暂定为代县的长城文化源头。保护这个源头，要保护赵武灵王庙和赵长城残体。"赵武灵王祠，思胡服也。在紫荆山巅，（武灵）王筑城（长城和关城）备服，起代（蔚县）历阴山（内蒙古大青山），故郡人功之"。本县聂营（汉聂将军营垒）镇亦有报恩寺祀武灵王。这两座庙要择一保护。

赵长城分布在古雁门关（西陉关）铁裹门两侧，颓垣明晰可辨，为石长城。它"经应县、山阴到代县西北之雁门，即古代的

勾注，又由北向西南行，入今宁武县之东境……"（《山西长城的历史与现状》张亚平）。赵长城应在铁裹门古关两侧择段保护树碑说明。

第二，要保护好长城雁门关段的"古关""隘要"的关城及遗址的建筑文化。雁门古关其址几易位置，其名号唐朝之前名称不一。先要找出周穆王作《黄竹诗博》的旧址，保护好铁裹门（西陉）时的遗址，复建部分雁门关（东陉）天险门的部分长城以及关城。今雁门关为明代遗构，原址在战圈东陉。宋朝称寨，金时称镇。关城周长一公里余，墙高10米，石基砖瓮、内筑夯土，城门有三重：小北门、东门、天险门。关城内有：点将台、火神庙（供龙王、火神、城隍、马神）、李牧祠、关公庙。官衙有：衙门旧址（课税查奸）、雁门守御千户所、兵器库等，其他建筑有雁楼、守边楼、威远楼、雁塔，古军洞、9窑18洞、碑亭牌楼等，桥有23座。

隘要指顺东西走向的雁门山两侧拱卫雁门关的18个要塞。今分布在代县境内的要塞，东有水峪、胡峪，西有太和岭口、白草口八岔。这些隘要为宋朝时置。保护雁门关遗构，要维修复建部分关城、城墙，特别是三重关门及楼子，部分长城，其他遗址保护，树标志碑画定保护范围。

第三，要保护长城雁门关段"运行机制"的物化载体。长城雁门关居于民族国家文化认同的中心，占据着"构建多民族统一国家"的重要历史地位，故而要还原其古代时的运营机制，建起

丝绸之路经济带与古州雁门

一部立体化、实物化的中华民族统一地方史。

在政治营运方面。中国历史文化名城代州古城是扼控雁门关的政治中心、州牧，落实中央朝廷所定的国策，"而守土之义重"，司、部、寺则为职能部门或"政府组阁局"，不算朝廷派驻机构，代州古城内的司、部、寺职能部门最多时达54处。

在军事营运方面，可分为三个系统：一是驻在代州城的兵备司和振武卫。在明代，兵备司督理雁门、宁武、偏关，并辖广武、平型、北楼（繁峙）、东路（太原），主要任务是制定作战计划，军需供给兼垦塞下屯田。振武卫职能是"领班、屯田、巡缉、城操、戍卫、应袭等重务；二是信息、通讯系统。这个系统既有邮驿，也有烽火台。今为了保护便易，邮驿略，专讲烽火台系统。长城雁门关北置有广武墩，广武墩北接浑源传代州的南孤山等墩的情报信息，西北接收右玉信息。广武墩南13里的北口置有墩，然后传雁门山峰顶。峰顶雁塔边置一墩，然后至南口、到代县城。广武西二十里至太和岭口，然后进崞阳东15里至水峪口，水峪口东30里至胡峪口，然后至繁峙。烽火台信息日传千里。若有敌情，烽火台上或点烟或放炮，根据炮声的几响或烟的数量传递敌寇的多寡和远近。三是沿雁门山长城脚下设置的39堡12联城，目前39堡仍俱在，但12联城残缺不全，当少数民族的铁骑越过口隘荡过长城，那么另一道长城就起作用了，这道"长城"就是39堡（堡中还有铺的设置）12联城。39堡12联城自然排布形成和长城走向平行而行。"铺有兵，为邮卒，其掌烽火者"、"代临边，虏常出入其地，民未可以散处，故官为之堡、都。村中民自为堡。官堡有戍，间遣官兵守之，多不过百人"。"大堡合三堡之兵，并二十里内之丁壮守之，则数前众未可以时日破也，且五里内，其迁移者亦易矣"。（《代州志》（万历版）。

在经贸营运方面。在上节我们已经讲过，长城不是单纯的"堵"，而是调控因"文明冲突"引发的社会、政治、经济振荡。是个稳控调节秩序的机关。关于在雁门关开设军市、边市、关市的记载甚少，关于其产生的鬼市、狱市（即今走私）的记载几乎没有。在明代仅有几点记载，保护这样的经贸文化弥足珍贵，亦更显重要。在明朝涉及经贸的税种有关税、城税、门税、契税。上述税种的全部收入用于雁门关的"秋防"和官吏工资中的大额部分，关税课过雁门关、胡峪、白草口三关之商贾的税。要过关的客人先到设在太原的"东路管粮厅"报关挂号，交款领税票，至雁门关上验货与税票是否相符，若少报逃报加倍收取。近万两税银全部用于秋防。城税是客居在代州城中的流动商贩之税，数千两税银用于各衙门公费。

从整体财政分析看代州的关税收入是大的，也是重的，如用税收支付官吏的俸银。明朝代州官吏工资由4部分组成：本色俸、折色俸、薪柴银、马夫银。知州年俸银为108两2钱2分8厘，其四个组成部分的来源和数额为：本色俸12两，从夏秋税粮中支；折色奉8两2钱2分8厘，薪柴银48两，从徭役内支；马夫银40两，从商税中支取。

长城雁门关段是国家机器中的一个重要组成部分，它的运转活度和灵敏度直系着国家的安危，"人"和"社会"发展进步的步伐如何把这部残破而历经数千年的国家机器像保护蒸汽火车一样保护起来，确是一个重大的课题，需要本类专家学者认真研究，精心编制一个保护方案。

第四，要保护长城雁门关段积淀的"移民文化"的物化载体。因为长城雁门关段在"多民族统一地区"发展进程中的作用。这里不仅成了杂居地，亦成了古代民族血统交融、人类基因置换、染色体杂交的集中地。过去史志书籍讳忌这个专题，或不作深入研究，记载的事件是大型的官方移民。民间的通婚或官方移民后文化的互相融合等从不作为一种专题文化（人的发展）研究，只当做改朝换代或战争成败结果的附属物提一下。《代州志》记载的有南匈奴归汉的五万人安置代州等8郡，汉文帝"募民实边"从内地迁徙民众（包括囚徒、军队民居化、贫民、商人）。

今日长城内外的元姓、周姓、胡姓等就是代州"人"发展研究的典型课题。这些姓氏的家族源于北魏掌控雁门关时的鲜卑族。鲜卑族源于东胡，役于匈奴。在东汉建武二十四年鲜卑族向南发展始进入代郡雁门等，在汉和帝永元中，在北匈奴西迁后，留在漠北的10万匈奴人自号鲜卑，迅速发展壮大。北部鲜卑在酋长的带领下，从大兴安岭向西南方向迁徙至内蒙古呼伦贝尔大草原，在东汉桓灵帝朝又举行了第二次大迁徙，到达匈奴活动故地漠北的科布多一带。鲜卑族的老祖宗东胡（战国）人喜欢一种名叫"鲜卑部落的一种腰带"，鲜卑东胡语是汉语中的"祥瑞""部落"是"兽"。兽的典型代表为驯鹿。迁到科布多的鲜卑人与当地匈奴人"通婚融合，形成了以鲜卑父胡母为内涵的拓跋族名，拓跋是"秃发"的音转，意思是鲜卑父匈奴母所生之子"（《北魏史》杜七锋主编，山西高校联合出版社）发展至孝文帝时代，他更是把婚姻关系看作推进鲜卑人和他构建的北魏社会全面进步的重要政策。

孝文帝认为"合二姓之好，结他族之亲，上以事宗庙，下以继后世"（《魏书·咸阳王传》卷21）。他认为娶名望汉族之女是推行儒家忠孝礼义的最有效之举，首先能革除鲜卑族原来同姓同族成婚的落后陋习。推进鲜卑族人的综合素质进步，其他鲜卑贵族与汉土著望族联姻能把鲜卑政权与土著望族用血缘关系联系起来。所以他本人娶洛阳一等门族卢敏、清河崔宗伯、太原王琼女为妃，同时下令其6个室弟（均受封为王）将原室降为侧妃，各娶本封地内的望族之女为王后。

孝文帝不仅令鲜卑贵族和汉人通婚，还要废鲜卑语言，改姓汉姓，他自姓元，与皇室相联的九个族也要改汉姓。原仡骨氏改为胡姓、普氏改为周姓、拓跋改为奚姓、伊娄氏改为尹姓、丘敦氏改为丘姓、候氏改为亥姓、乙旃氏改为叔孙姓、车辇氏改为车姓。这些似乎是非物质文化遗产，实际上它的物化载体仍然存在，如雁门关上的代公拓跋倚卢墓、大同的北魏墓群、代州的建极陵李克用墓群等。

第五，要保护和修复长城雁门关段原有的自然文化遗产。托起长城雁门关段的雁门山是一笔丰厚的自然文化遗产，长城雁门关段的历史文化遗产和自然文化遗产珠联璧合，交相辉映，形成了一笔丰厚的双重文化遗产，是我们祖先和大自然对我们慷慨的馈赠。

首先要涵养雁门关的水源，雁门山古有丰富的水源，今则枯竭。《山海经》曾描述过：雁门关北曾有方圆百里的大泽，泽源为小成山之水，梁深山的修水俱东流注于雁门。在明代泽和水已涸枯，无可考。但是，《代州志》（万历版）仍记述了雁门关的两大水系，一为今日的关沟河，源出雁门山一年长流，当"异时暴雨水涨，则汹涌澎湃，几及城睥睨"。二为雁门关西门外的趵突泉。其水"平地突出，若猛兽然，故名"。北流出塞口入桑干河，今两流均难如当年其貌。

其次要保护修复雁门山的植被。在明代，雁门山林木丰茂、林相层次分明，乔木有松、柏、榆、柳、椿、楸、椴、桦、檀等十余种，其中榆、柳、松、桦为最。代州的大木材曾北运内蒙古，东运京畿、河北。灌木则有山桃、山杏、榛子、六道、荆条。菌类亦很丰富，有羊肚蘑菇、大小银盘。药材有茯苓、麻黄、黄芪、甘草，特别是还有肉苁蓉，历经战乱和无节制的砍伐，现在雁门关一年四季是怪石嶙峋，峭壁无语，没有植被焉能涵养水源。

再次要保护和修复雁门山的动物资源。据万历版《代州志》载：雁门山上动物种类多，群族旺，有"虎、豹、熊、狼、豺、獾、獐、鹿、狸、鼠。野禽则鹊、鹳、雉、雕、鹰等20余珍禽，由于植被的破坏，今兽类只有鼠、兔，禽类只有山雉。

第六，要在更高一个层次的理念和手段上保护长城雁门关段。这就是要建立一座长城雁门关段"文化认同"博物馆，以彰显与长城其他关隘的不同特色文化。在全球化的大环境下，西方文化通过"大片"、"互联网"、"名牌产品"等形式，以一浪高过一浪的形式涌入我国，并强烈地改变着青少年的思维方式和价值趋向，改变着几千年传承下来的文化风俗。如在年轻大学生中对情人节、圣诞节等西方节日的热情，远远胜过了我国最重要的传统节日春节。在这种情况下，我们对长城雁门关段这个数种古代文明的自然分野载体进行历史保护、文明延续，对其身上拥有的古老厚重的文化意象，或曰历史密码解读，对古代民族"和而不同"是文化认同人文秩序之研究，对古代构建多民族统一国家并能葆有汉族文化主导地位等等问题，进行一番灵彻通透的思考，反思今天开发商、挖掘机大肆毁坏文物的现实和城市改造、政绩工程频频出现的恶果，直面长城雁门关段的未来，整个长城文化的未来，然后拿出有序的、可操作的保护措施。这项工作是看不见的"政绩"，但又是十分艰苦的工作，更是保护好雁门关及其长城的最重要工作。

我认为建设一座以"文化认同"为主题的长城雁门关博物馆是一项最好的措施，博物馆是公民受教育的重要场所，是保护文化遗产，弘扬优秀民族传统文化、建设先进文化的重要传播形式。建立一座博物馆是对长城雁门关段在更高层次上的保护。首

丝绸之路经济带与古州雁门

先博物馆的建设过程是对雁门关的历史、地理深入研究的过程，博物馆陈列布局的过程是在全球化新环境下，对雁门关拥有的传统文化进行重新认知的过程。其次雁门关上的一石一瓦、历史人物留下的足迹，历史事件烫下的深刻烙印都是一个历史密码锁。解开一个密码就是一片广阔的历史田园，那里有经验、有教训，也有对今天的启示。其三，博物馆可以涵盖广阔的长城雁门关段。雁门关关城占地达9平方里，长城在代县境内达40公里，文物点多达百余处，只有博物馆可以用模型、图片、影像、文物的形式把它容纳在"方寸"之间。其四，博物馆可以把雁门的地域化大为小，把其文化化深为浅、化雅为俗；把其历史化死为活、化枯燥为乐趣；把其文物价值科学价值化尘封为彰显，化湮灭为生长，化腐朽为神奇。

（作者为代县雁门文化研究会会长）

雁门古道从历史中走来

刘　妍

这里，曾经走过成群结队的马帮，清脆悠扬的驼铃声在山谷回响，沿途散发出袅袅茶草香。一支支商队在苍茫的崇山峻岭间穿梭，"玉石"、"药材"、"茶叶"、"木材"以及更多的货物跟随驼队、马帮以及无数的贩夫走卒通过这里运往四面八方。这里，就是承载过华夏商贸兴盛和繁荣的千年商道——雁门古道。

近年来，人们探寻比丝绸之路还早一千多年的玉石之路时发现，玉石从新疆穿沙漠，过草原，而进入中原的最后一站竟然是代县。从山西中部和北部出发，一条向西，经杀虎口出关，进入蒙古草原；一条向东，经张家口出关进入内蒙。不论走哪条路，首先都要穿过代县的雁门关。两千多年前，苍茫险峻的雁门关隘是商贸往来必经之地，走西口的商人经由雁门关通往内外蒙古和俄罗斯，昆玉西来，茶叶北去，马输中原，丝绸远销，这条绵延数千年的雁门关道堪称茶马古道。西风瘦马，古道斜阳。雁门古道刚刚送走了通往中原的玉石驼队，便又迎来了载满茶叶、棉麻的中原商帮。

唐朝边贸兴盛，七条海路商贸通道的开通，其中两条就途经代州。即使是战火频仍的北宋时期，朝廷与漠北民族也有约定，在边城设市场，即使战争，边贸不停。在古典名著《水浒传》

中，我们还能看到施耐庵描绘的古城："且说鲁智深走到代州雁门县，入得城来，见这市热闹，人烟辏集，车马奔驰，一百二十行经营买卖，诸物行货都有，端的整齐……"

雁门关下古道边的这些山村小寨，当年曾是车水马龙的商道小站。古朴的村庄，早已淡忘了曾经的繁华。只有当你追问村名为什么会叫后腰铺、阜家坪、试刀石、南口？老人们才会和你说起这静静的小村庄曾经有过的辉煌过往。

其实，在古城，你从任何一个村庄的名字说起，都会是一串长长的故事。

当时代县雁门关的盛况，可由沿途村庄至今残存的多处店铺和货栈遗址印证。而有一个传说更是生动地体现了雁门古道的繁华盛况。据说"镇边寺"有一个和尚为了统计每天过关的人数，曾在关城"天险门"旁放了一个"斗"和一堆黑豆，每从城门口过一个人就往斗中捏一颗黑豆，一昼夜下来，放进斗中的黑豆，整整三斗半。雁门关上还立着一块乾隆三十六年的石碑，称为分道碑，是当时的代州知州为了调解雁门关交通拥挤，屡起争端而设立的，从碑文中，依稀可见当年运输繁忙的景象。据记载，当时代州地方的各项税收总和不到300两纹银，而雁门关的关税收入约2500两，超过了代州的8倍还多。立于关上的还有不少募捐碑，留下名字的有呼市、集宁、归化、大同、张家口、并州、太谷、平遥等等各地客商。他们从天南地北走来，沿着崎岖的山路，翻过雁门关走向茫茫草原。

雁门古道，史称中国四大古道之一，这里，还曾留下过昭君出塞的车辙，也留下过汉武帝横扫匈奴的铁蹄；著名的和田玉就从这里流向中原，富甲天下的晋商就从这里走往漠北。青石板路上那些深深浅浅、凹凸不平的车辙印痕，默默记录着发生在这里的一切。

而雁门古关隘，自古就有中华第一关之美誉。雁门关作为世界文化遗产万里长城的重要组成部分，历史悠久，文化积淀十分丰厚，被称为"三关冲要无双地，九塞尊崇第一关"。几千年来，大自然的天造地设，烽火狼烟的频繁洗礼，人文历史的传奇演义，已经将"雁门关"铸造成为名扬天下的独特地标和文化符号。作为中国历史上的北塞门户，雁门关始终和中华民族的命运息息相关。她不仅对中国历史上的政治、军事、商贸、文化、交通和民族交融等方面产生过重大而深远的影响，更为中华民族的大融合和中国多民族文化的形成作出了重要贡献。

穿过历史的尘烟，这里也曾一派萧条。在两千年前古人开创的茶马古道上，成群结队的马帮身影不见了，清脆悠扬的驼铃声远去了，远古飘来的茶草香气也消散了。然而，留印在茶马古道上的先人足迹和车辙印痕，以及对远古千丝万缕的记忆，却幻化成雁门儿女披荆斩棘砥砺前行的创业精神。2007年以来，伴随着县委、政府保护与开发雁门关风景区步伐的加快，尘封多年的雁门古道开始拂去尘埃，重现魅力。雁门关风景区管理局一班人以坚韧不拔、百折不挠、苦干实干、甘于奉献的精神，通过艰苦卓绝的努力，完成了景点重建、基础设施、服务设施、生态治理等浩大的复建工程，荒废多年的盘山古道被重新整修，三座破败不堪的古关楼在原址上进行了维修复建，关楼两侧筑起了雄伟的关城城墙，雁门关已完全恢复了鼎盛时期的壮丽雄姿。历经三年的艰苦奋斗，一座残垣破壁的古关隘变成了气势恢宏的游览胜地，创造了令人惊叹的建筑奇迹。全国著名经济学家厉以宁考察雁门关后，欣然为景区题词："雁门雄关今尚在，长龙又到腾飞时"。雁门关风景区先后被评为"亚洲·大中华区最负盛名旅游景区"、国家AAAA级旅游景区和山西省十佳旅游景区，并被命名为"山西作家影视文化拍摄基地"。雁门关的旧貌换新颜，让世人的目光再次聚焦。

今天，已发生巨变的雁门古关又迎来了一次千载难逢的重大机遇。习近平总书记提出共同建设丝绸之路经济带的战略构想，又为我们打开了一扇发展的大门。丝绸之路是中国连接东西方文明，包括经济、文化交流的重要通道。千百年来，这条贸易之路、合作之路、文明之路、友谊之路在促进不同民族文化之间的交汇融合，不同国家地区之间的互通有无，推动亚欧大陆的共同发展方面做出了特殊而重要的贡献。代县是古丝绸之路的重要节点。在古丝绸之路上，古关——雁门关是一个重要关口，从雁门关这里出杀虎口、进内蒙、甘肃、宁夏、新疆，然后踏上去中亚、欧洲的漫漫丝绸之路的经济文化之旅，还是在古丝绸之路上，古城代州，是一个重要节点城市，进入雁门关，住在古代州城的胡商和内地准备西走的坐贾行商，云集于代州古城，准备抢滩中原。"丝绸之路三千里，华夏文明八千年"，回顾历史，古州雁门曾在古丝绸之路上留下过不可磨灭的一笔。展望未来，要把机遇转化为现实推进力，需要政府及各方共同努力，还有很长的路要走，但我相信，依托丝绸之路经济带建设实现代县再次腾飞的梦想并不遥远。

据说，茶马古道原本就是一条人文精神的超越之路。马帮每次踏上征程，就是一次生与死的体验之旅，茶马古道的艰险超乎寻常，然而沿途壮丽的自然景观却可以激发人潜在的勇气、力量和忍耐，使人的精神为之振奋，灵魂得到升华。

我想，正是因为雁门古关下的人民继承了这种超乎寻常的吃苦精神，不甘落后、勇于挑战，才有了一次次的不断超越，才有了一次次的奋勇向前……

（作者系代县县委宣传部干部）

丝绸之路与雁门文化

李建霞

古老而著名的丝绸之路，横贯亚洲、连接欧亚大陆，作为著名古代陆上商贸通道，历经岁月流逝，记忆沉淀。千百年后，她依然是中国人民和世界各地区人民友好往来的历史见证。有别于西出长安的传统意义上的丝绸之路而言，另一条草原丝绸之路更加引人注目。草原丝绸之路是由北齐的邺城出发，西至晋阳后北折过雁门关，经平城、云中、哈尔和林、西过阿尔泰山、南西伯利亚和中亚北部进欧洲。草原丝绸之路位于草原地带，整体地势较为平坦，是连接欧亚大陆，沟通中原地区的大通道。历久弥新的雁门关是北方草原丝绸之路和玉石之路的必经之地，北方的胡马满载胡盐玉石从这里走向中原，南方运载名茶精丝的商队从这里远赴漠北，作为中原同西域，并通过西域和欧、亚、非诸国交流的一个重要文化、物流集散地，堪称"丝绸之路"上的一颗明珠。经典而雅致的代州，作为一座背倚雁门边关、西联雁门古道的古代城市，自然成为南北商旅屯集之地，成为晋北重要的商业中心。代州人又以善于理财经商闻名于世，辉煌的历史铸就了代县这座历史文化名城。作为在漫长的历史发展过程中，依托雁门关而形成、发展的雁门文化更是与丝绸之路结下了深刻的历史渊源。

一、雁门文化因丝绸之路而源远流长

首先，独特的地理位置，使雁门关成为丝绸之路上的重要关口。雁门关，又被称为西陉关，位于山西省忻州市代县以北20公里处的雁门山中。俗语有云："天下九塞，雁门为首。"作为长城重要关隘，雁门关天造险扼，势控中原，北依雁北高原，南屏忻定盆地，是历朝历代镇守边关的咽喉。不同的时期它扮演着不同的角色：战争时"黑云压城城欲摧，甲光向日金鳞开"；和平时"商埠经济多门路，财源如水流代州"。这条穿越雁门的千年古道，除了是一条狼烟滚滚的铁血战道外，还是昭君出塞之路、文姬归汉之路、明清晋商汇通欧亚之路、蒙藏人民朝圣五台山之路。而丝绸之路作为穿越中亚、翻过帕米尔高原、抵达西亚的线路，不仅是联系东西方的"国道"，也是整个古代中外经济及文化交流的国际通道。著名的雁门关，因其独特的地理位置，成为丝绸之路的必经之地。

其次，历史久远的雁门文化，不断从丝绸之路上汲取营养。丝绸之路作为中国和周边、边远国家交往的主要通道，不仅进行着商贸的往来，而且进行着文化的交流与传承。依托丝绸之路，欧亚大陆、美洲等地的文化逐渐传入中国，各种文化在此交流，多种思想因此传播，在浓郁的文化交流氛围中，雁门文化从多种不同文化中汲取营养，使其不断丰富、充实。雁门文化，是以古州雁门为中心的晋北古文化的概称，作为代州人民的集体记忆，是代州人民智慧的结晶，独具特色的创造。雁门文化在保留其特色的同时，因丝绸之路带来了广泛的文化交流，外来的文化源源不断为其注入了新鲜血液。在历史的继承与传承中，雁门文化因与丝绸之路的深刻渊源而源远流长，影响至今。

再者，雁门文化见证了丝绸路上的"金马玉路"、"南北通衢"、"茶马古道""兴盛之景"。听过这样一个说法，有人曾问在这个特殊区域居住的人们，为什么从他处迁到这里并能够定居生活下来，村人会倍感自豪地回答："因为这里是金马玉路。"其实，他们所说的"金马玉路"指的是从村中间穿过的雁门关"关道"。据历史记载，这条古关道是中国古代最早的交通线之一。早在三千年前就已经是中原连接塞外的交通要道，一直到明清之际乃至近代。这里战时是战守之关卡，而于战争间隙特别是相对稳定的时期则又是通商之津口，各地在此通商互市，传输技术。从秦汉时便有记载，汉孝帝时，匈奴将马、牛、羊及畜产品运至雁门关，换取内地的粮食、布匹、铁器等。鲜卑兴起后，中原的"精金良铁"不断输入关外，经汉魏、隋唐及至宋辽互市更繁荣，走口外的重要交通线是雁门古道。中原商贾采购货物，经雁门关运出，一路从张家口转运至恰克图；一路经杀虎口运至归化城（今呼和浩特)后转恰克图，与俄商贸，进入欧洲市场，雁门关现存的"分道碑"即是丝绸路上的兴盛见证。

二、丝绸之路为雁门文化注入新活力

首先，雁门文化因丝绸之路而彰显风采。雁门文化源远流长，内涵丰厚。在漫长的历史发展过程中，代县较多的历史遗存有力地证明了其在草原丝绸之路、玉石之路和茶马古道上的重要地位。其一，代州博物馆藏有三百余件新疆和田玉器饰物，是由雁门关下的上砂河春秋战国和汉墓中发掘所得。这些墓为春秋以来下级戍边士兵的公墓群，说明彼时此地驻军很多，新疆和田玉器饰物已经通过草原丝绸之路，来到了代县，并被下级戍边士兵所佩戴。

其二，代州在春秋战国时就有繁华的各类市场。特别是军市的开设，极大地推动了中原与北方少数民族、中原与西域的经济贸易。军市的开设助推了草原丝绸之路的形成和发展，也为北魏时期北方草原丝绸之路的贯通延续奠定了坚实的基础。

丝绸之路经济带与古州雁门

其三，代州许多的古市场遗址尚待考证发掘。雁门关拥有春秋时期勾注塞遗址、汉初的广武古遗址、楼烦古城、枣户城、上馆城、阴馆城、平城等古城遗址，每一座古城遗址就应伴有一个市场。由此可见，当时互市的繁荣情况。

其四，雁门关下有许多与"市"有关的村名、地名，并沿用至今。如"闹市"、"埠家坪"、"茶铺"、"盐店"等。这些名字既说明了它们是当时商业物流的一个屯集点，也应该视其为一个历史商业文化的物化载体。正是丝绸之路，赋予了古代州丰富的内涵与多样的形式。而雁门关与丝绸之路的甚密关系，也直接导致在此形成的雁门文化，声名远扬。

最后，雁门文化因丝绸之路而内涵丰厚。文化是一个民族的记忆，地方文化是当地人民的记忆。在历史的变迁，岁月的流逝中，精彩的文化在此沉淀，伟岸的雁门关在此屹立，动人的故事因此传承。"得雁门而得天下，失雁门而失中原"凸显了雁门关"中华第一关"的美誉；汉朝名将卫青、霍去病，唐朝名将薛仁贵、郭子仪的出生入死，彰显了他们精忠报国的情怀。丝绸之路上发展的贸易、传播的思想、交流的文化，更是突出了雁门关的至关重要。当雁门关和渭河流域比肩并列，当雁门文化与丝绸之路相连，我们可以完整地表述"丝绸之路"的文化主题，即"中原与西域，古代中国与欧亚非多元交流"的历史内容和历史过程。雁门文化，正是因为丝绸之路在文化的大汇集中而愈加内涵丰富，历久弥新。

走过历史的长河，拂去历史的尘埃，在时光消逝中，我们见证着丝绸之路与雁门文化的历史渊源；在人们的记忆里，继承着民族基因；在历史的发展中，传承雁门文化。任时过境迁，光阴荏苒，雁门文化始终与丝绸之路相伴相随。

（作者系代县新闻办见习记者）

第三编：西玉东输至雁门

西玉东度雁门关

——叶舒宪教授访谈录

马春生

嘉宾简介：

叶舒宪，文学博士，中国社会科学院比较文学中心中任、研究员、博士生导师，上海交通大学致远讲席教授。曾任美国耶鲁大学客座教授、台湾中兴大学客座教授等。现兼任中国民间文艺家协会副主席，中国比较文学学会副会长、学术委员会主任。

著作有《中国神话哲学》《千面女神》《神话意象》《诗经的文化阐释》《文学与人类学》《耶鲁笔记》等30余部。

近年来，叶教授致力于西玉东输的研究，其论文《丝绸之路前身为玉石之路》和《西玉东输和华夏文明的形成》，分别在《中国社会科学报》和《光明日报》发表后，引起学界和社会的关注。

访谈人：马春生，山西省中青年学者

访谈背景：受代县雁门文化研究会的邀请，叶舒宪教授专程到代县实地考察西玉东输在雁门关一带的影响情况，并指导雁门文化研究会的工作。笔者有幸陪同叶舒宪教授进行考察，并对其进行了采访。以下是访谈内容。

马：叶教授，您好！您不仅在比较文学、中国古代史和神话学等方面很有建树，而且对玉器时代、西玉东输、玉石之路也很有研究，请谈谈您是如何对玉和玉文化的研究产生兴趣的？

叶：我研究中国神话30年，前20年做文献为主的研究，近10年来转向田野和考古。因为我意识到：在中国，比汉字更早存在的神话传说，其核心是玉石神话信仰，于是考察玉文化源流，并逐渐深切地认识到西玉东输现象对华夏文明的奠基性重要影响。一些研究写在中国社会科学院重大课题《中华文明探源的神话学研究》成果中。

马：您认为玉是一种圣物和图腾，这如何理解？

叶：东亚史前先民的玉教信仰以为，美玉是天神恩赐人间的圣物，既代表神人沟通之中介，又象征生命的永恒。故以玉礼神，形成生产和使用玉礼器的八千年传统。

马：自史前以降，玉对中国人的文化、生活和政治渗透很深，甚至达到玉国一体、玉文一体、玉人一体的地步，您能具体谈谈吗？

叶：甲骨文中出现许多和玉有关的字。在汉字中，"玉"和"王"几乎像同一个字，这是怎样一回事呢？原来甲骨文"王"字写作玉钺的象形，玉钺的实物原型则是石器时代的石斧。王字写成玉钺形象，这表明只有拥有玉钺（权力象征物）者，才是社会的领袖——王。如今汉字偏旁中的王字旁即玉字旁，属于该偏旁的汉字几乎都同玉石或玉器有关。1956年颁布简化字时，采用古代俗字"国"，替代繁体的"國"，好像意指"囗"内加玉，旨在提示玉在我国历史中具有的重要地位。这也导致现代人认为玉与国家不可分割。值得玩味的是"国"的古写并不含"玉"，而是含有兵戈意味的"或"。玉和干戈的关系，有一个众所周知的中国成语加以概括，叫"化干戈为玉帛"。繁体字"國"变成简体字"国"，大致上体现出从干戈到玉帛的价值观变化：让干戈和战争让位于和平、和谐。这也恰好符合"玉"温润平和不躁不火的物理特性。《新华字典》中收入"王部"的字有150个左右，其中与玉石有关的就有100多个。在我国的成语、俗语和传说故事中，与玉相关的数以百计，如玉成其事、玉减香销、玉洁冰清、玉石不分、玉石俱焚、锦衣玉食、金口玉言、香销玉殒、金枝玉叶、金玉良缘、金玉满堂、金声玉振、完璧归赵等。

中国人对玉石的特殊情结还体现在以身近玉上。自古以来，中国人喜欢佩玉、把玩玉。尤其是佩玉，常被视为人肢体的延伸。"前十年人养玉，后十年玉养人"，既是中国人对人玉关系的认识，更是普遍行为。我国文学四大名著之一的《红楼梦》说贾宝玉所佩的"通灵宝玉"具有第一功能是辟邪，这是民间信仰的明证，而不是曹雪芹的个人发明。

至于在政治方面，仅讲一点，古代皇帝之印用玉做成，称作玉玺。玉玺是皇权的象征。皇帝的所有诏令必须盖以玺印，才算符合"法律程序"，才能生效，才有公信力。有无传国玉玺，往往决定着皇位的合法与否。

马：玉在华夏文明的发展进程中发挥着什么样的作用？

叶：玉石神话产生于史前社会，但却能够作为华夏的民间信仰历代传承。远古时期，人们认知自然的能力低下，不能够解释自然界的一些事物，包括玉石的存在。他们惊异于玉的光泽、油润和坚硬，认为是上天的感应或恩赐，因而把玉作为神灵来祭祀。龙山文化时代的兵器就有玉石做的，但它不是用来打仗的，而是一种通神的精神武器，只要看到玉石兵器，就有一种必胜的信念和信心。

人类文明进化的通则是"先石器，后金属器"。华夏文明则特有一个介于石器时代与青铜时代之间的玉器时代，成为孕育文明之根，其作用是形成文化的原型编码与核心价值观。玉石对华夏文明的影响是深远而广泛的。在古代，玉是祭祀的物品，玉与国家的兴衰紧密联系，国兴玉兴、国衰玉衰。在古代，国家与国家之间、部落与部落之间发动战争，往往是因为一块玉，战争的停止也是因为玉而定纷止争。因此，才有"化干戈为玉帛"之说。玉所体现的品格是中国古代人核心价值观，玉玺还是皇权的象征。我国的许多器物、地名和人名等都与玉有关，玉是许多美好事物的代名词。玉推动了华夏文明的进程，也是华夏文明精神的最高标志物。以上都说明玉对于华夏文明的发展具有无可替代的重要影响和作用。

马：玉对现代文明的发展有何意义？

叶：用"点石成金"这样一个成语可以概括玉在现代文明中的经济开发意义。现代人不再信仰玉石通天通神的信条，但是却充分沿袭玉石为至高无价的传统观念。今人为了经济利益而继续驱动玉文化的世俗性发展。只要对比一下当今市场上黄金和和田玉中羊脂白玉的价格就明白了。目前，市场上黄金每克250元至350元，上等羊脂玉每克10000元甚至更高。这完全是文化价值决定经济价格的典型案例。在我国许多地方，如广东的四会、揭阳和平州，云南的腾冲和瑞丽，辽宁的岫岩，青海的格尔木和甘肃的肃南，河南的南阳和镇平，陕西的蓝田，江苏的苏州、扬州和徐州，安徽的蚌埠等地，玉文化产业成为当地的支柱产业。由新疆和田玉到青海玉、俄罗斯玉、阿富汗玉、韩国玉、缅甸硬玉（即翡翠）、东海水晶、辽宁阜新和云南保山、四川凉山、新疆和内蒙古阿拉善等地的玛瑙，湖北郧县、郧西、竹山的绿松石，包括最近刚刚开发的云南黄龙玉和山西大同玉。在华夏文化的传统价值观驱动之下，中国各地的美丽石头都在变成经济资源和财富。毫无疑问，未来还会有更多的石头变成资源和财富，如南京雨花石、安徽灵璧石、西北的黄河奇石、山西吉县的母亲石，等等。这些都表明文化产业依靠发掘文化附加值来创造利润的道理。经济发展方式的转型，主要就是从粗放的工业经济到文化创意经济。在这个转型中，玉文化所能发挥的作用和贡献非同小可。

马：历史上一直以来，中华民族对玉都十分崇尚，亘古不变，甚至越来越珍视。您对此如何看待？

叶：精神文明围绕个人的品格塑造，用儒家传统的话说就是修炼理想人格。孔子说"君子比德于玉焉"。在孔子的眼中，君子的德行可以和玉相比，温润而有光泽。玉文化传统的道德观可以成为物质文明和精神文明再造的重大驱动力。

位于代县境内的雁门关关城全景

马：雁门关和古时的代州在"玉石之路"上处于什么地位？

叶：《史记·赵世家》记载，赵惠文王十六年（公元前283年），苏厉在给赵惠文王的信中写道，燕国破齐国、灭韩国之后，和秦国对赵国的威胁，形成东西夹击之势，并有如下告诫之语："燕尽齐之北地，去沙丘、钜鹿敛三百里，韩之上党去邯郸百里，燕、秦谋王之河山，间三百里而通矣。秦之上郡近挺关，至于榆中者千五百里，秦以三郡攻王之上党，羊肠之西，句注之南，非王有已。踰句注，斩常山而守之，三百里而通于燕，代马胡犬不东下，昆山之玉不出，此三宝者亦非王有已。"[1]据唐代学

<hr>

[1]司马迁：史记，中华书局，1982年第二版，1817~1818。

者张守节的《史记正义》："句注山在代州西北也。"指的就是今天的雁门山。所谓"东下"，说的是来自北方和西方草原上的稀有物资代马、胡犬与和田玉这三种珍宝，是经过向东运输的旅程，即从我国西北经过河套地区输送到山西北部，再经过重要关口雁门关而南下中原王朝的。"昆山之玉"是新疆昆仑山特产的和田玉的简称。张守节《史记正义》称"沙洲昆山之玉"，点明在西域之沙洲。《管子》等书说，昆山之玉产地与中原的距离是七千八百里。雁门关不只是晋北和晋中、晋南地区的交通要冲，也是玉石之路进入中原的最重要关隘。雁门一带在《穆天子传》中被称为"隃"，战国至汉时称"句注"。是黄河中游地区的农耕文化与北方草原游牧文化的接触、冲突与融合之要地。司马迁写到的"句注"即雁门山，其东面的"常山"，就是北岳恒山，因避讳汉文帝刘恒而改名常山。山西的地理格局基本上由两大山脉和五大盆地构成。两大山脉是东侧的太行山和西侧的吕梁山。雁门关处在这两大山脉之中，北有大同盆地，南有忻定盆地，而忻定盆地又连接着太原盆地及其以南的两大盆地。雁门关以南到达中原几乎无险可守，控制住雁门关就相当于控制住华夏国家的咽喉和命脉。这就是为什么从周穆王到汉高祖，国家的最高统治者要亲自来到这里的奥秘吧。

秦始皇五十岁那年自己曾经也想来，不料走到太行山以东的河北钜鹿沙丘（赵武灵王死处，今属河北邢台）就死在路上。秦始皇最精锐的戍边部队三十万人，由蒙恬率领并由公子（老百姓称太子）扶苏亲任监军，驻扎在上郡（陕西榆林）至代州、恒山的长城沿线一带。掌管秦始皇玉玺的赵高趁秦始皇驾崩之机，使用掉包计替换皇帝留给公子扶苏的玺书，假造出另一个玺书，赐死扶苏和蒙恬。赵高还勾结李斯和胡亥，封锁皇帝死亡的消息，让其巡幸车队继续北上，过雁门关进入河套地区，再过黄河抵达上郡，为掩人耳目还在车上装了百斤咸鱼，混淆始皇帝尸体的臭味。[1]到达上郡后，巡幸车队由秦直道南下，直抵咸阳。随后上演的是发丧大礼，胡亥登上皇位，为秦二世皇帝。同年九月，埋葬秦始皇于骊山。[2]据司马迁的叙事可知，秦始皇生前未到雁门关，死后的尸身却被篡权集团包装在巡幸车上，北出雁门关。中国历史上的这一页意味深长，需要后人结合地理环境认真思考和反复体会。雁门关一带的百姓至今还到当地的扶苏庙（老百姓称太子庙）中祭拜，这是短命的秦帝国在代州民间信仰中留下的悲壮记忆。

代县城内边靖楼

借用陆游的教子诗《冬夜读书示子聿》："古人学问无遗力，少壮工夫老始成。纸上得来终觉浅，绝知此事要躬行。"诗中说到的是古人对做学问实践体会的重视。旨在强调，从书本上得到的文字知识毕竟肤浅，要透彻地认识文字讲述的真实信息，就必须亲自实践和反复体会。代州和雁门关是我们重新体会历史极好的实践课堂。中国历史厚重而且故事多多，层层累积的结果往往会掩埋住许多真相，只依据纸上写的文字是难以窥见真相的。这正是文学人类学一派希望突破文字小传统束缚，深入探究

[1]·[2]司马迁：史记，中华书局，1982年第二版，265。

先于汉字和外于文字记录的文化大传统的理论宗旨所在。如今的国人大多知道雁门关与杨家将的关系，似乎遗忘了秦始皇父子与雁门关的关系。

马：代县民间各种玉器流传甚广，老辈人都崇尚玉器，老年人抽烟的烟锅用玉嘴，民间有订婚送玉佩，小孩满月或百岁送玉锁，妇女戴玉镯、玉坠、玉环，富人家用玉盘、玉碗、玉壶等。传说民间也确有人收藏着稀世玉器珍品等。另一方面，古代州虽处边关地带，但雁门关历代属于军事重镇，常由朝廷委派众多中央要员和高级将领驻守。这些中央要员和高级将领都要带家眷一同来，如潘美、杨业等。代县的东留属、西留属、南留属等村就是由此而来。这些家眷虽居边关但仍保留着京城的生活习俗和习惯。因此，对玉也有大量需求，这两个方面在一定程度上拉动了西玉东输的商潮。在山西有"南绛北代"之美称，外地人都说代州人谦逊、温和、淳朴、厚道，这会不会是受玉文化的熏陶和影响所致呢？

叶：东周之后的儒家推崇"君子温润如玉"的人格修养理念。老子在《道德经》中标榜"圣人被褐怀玉"的内敛精神。玉文化传统的道德观确实成为影响人们精神世界的原动力。喜好玉是国人的古今习俗，似乎不光代州一地。但是玉的运输和贸易是"晋商"传统和"走西口"传统之根，其文化影响还没有得到很好的认识。

马："玉石之路"与"丝绸之路"是什么关系？

叶："丝绸之路"是在鸦片战争背景下，德国人李希霍芬来中国考察后于1877年提出的，那是一个屈辱的殖民时代。如今，它已经成为世界上尽人皆知的两千年来的中西交通要道，以汉武帝派遣张骞通西域为起始。按照哲学家的说法："熟知非真知"。李希霍芬当年是在对玉石之路毫不知情的条件下提出丝绸之路命题的。玉石之路则是中国学者根据文献记载和考古发现的玉文化分布情况，近年来新提出的昆仑山和田玉进入中原的路线。大约一个世纪以后，也就是20世纪后期，中国学界根据考古新发现的玉文化分布情况，新提出玉石之路的命题，使得我们对丝绸之路的认识能够不断更新和与时俱进。

玉石之路的历史之悠久约为4000年，即丝绸之路开启前2000年就存在。或者说玉石之路是丝绸之路中国段的原型或前身，丝绸的对外传播是和田玉对内运输和传播的副产品；同样重要的进口副产品还有小麦、大麦、家马、马车、黄金、金属兵器等。根据这种原生和派生的关系，世人所不熟悉或不知道的玉石之路，显然对华夏文明的形成来说具有更加重要的意义。中国人自古习惯"玉帛"连称，玉必须排在帛（即丝）的前面，因为玉器的包装要用到帛，或者说是玉是至高无上的宝物，丝绸是其包装与陪衬物。以前人们不知道玉石之路的存在，跟随外国人讲"丝绸之路"是情有可原的。从文化自觉和文化自信的视角看，如今可以按照古汉语的表达习惯改称"玉帛之路"，这样才更能体现合与时俱进的新知识状况。

马：您认为代县应当如何利用国家丝绸之路经济带建设这一契机，挖掘玉石文化和雁门文化？

叶：未来的竞争在很大程度上是资源优势的竞争。自然资源的开发是不可持续的，不论是煤矿还是金矿，挖掘一点就少一点，挖到最后的结果就是资源枯竭。而文化资源的开发能够产生永久性的巨大财富。代县地处玉石之路输送的重要关口地带，西域与中原的古老交通要道，其文化资源优势无可比拟。春秋战国时期，代马与胡犬、昆山玉并列为"北方三宝"。雁门关作为先秦时代西玉东输的重要关口或码头，其得天独厚的地理地形优势显而易见。玉料是当年最重要的国家战略资源，代马与胡犬、昆山玉以及丝绸、金属、茶叶、皮革、驼毛等物资都是附带形成的运输商品。可以说是西玉东输拉动了丝绸之路上一切商品贸易。关键是各级领导以及工业、地质、科技、文化、文物、旅游等部门应有本土文化自觉的意识，充分认识玉石之路是丝绸之路的前身这一事实及其文化意义，按照分清主次和溯源求本的原则，需要努力澄清事实真相，让为世人熟知的丝绸之路说所掩盖下的玉石之路真相逐渐浮出水面，体现其重要的社会价值和经济价值。

马：您这次来代县调研，对雁门文化建设能提点建设性的意见吗？

叶：本次考察时间短，主要认识雁门关在玉石之路和西玉东输方面的重要意义，对《穆天子传》所讲述周穆王出雁门关北上河套地区，然后用玉璧拜祭黄河宗神，再沿黄河西游昆仑山求取美玉一事，发生了认识理解上的转型：那不是虚构的文学叙事，而有其真实的历史底蕴！玉石之路雁门关道的存在至少在西周早期，或许能上溯到商代，距今约3000年，比丝绸之路早约1000年。仅此一个问题的继续求证，就能够让雁门关所在的代县和忻州获得巨大的文化资源价值。对当今的符号经济和文化产业来说，无异于找到一座金矿。几点具体建议已经在离开代县的当天交给了相关部门的同志。

这次考察小组在代县考察期间，在代县博物馆和当地百姓家中看到了一些非常珍贵的玉器，这些都是非常重要的研究线索。对于本地古玉的情况，需要更大规模的调研和收集、整理工作。

代县出土战国玛瑙环

（作者系山西省工商行政管理局纪检组长）

西玉东进雁门关

——玉石之路山西道代县路段之二期调研

唐启翠

一、考察缘起与概况

2014年6月7日—15日，中国社科院和上海交大联合考察小组"玉石之路山西道"初次调研，提出：山西境内至少存在一老一新水旱两条路径——黄河道（始于距今4000年的龙山文化时期）与雁门关道（始于3000年前，商周之后家马运输进入中原以后），从而初步揭示出雁门关在中原与西域交通上的重要性。由此，课题组于7月18日—23日展开二期调研，计划从（1）代县汉代以前出土玉器遗址和传世玉器情况（公家博物馆、私人收藏），探寻"走西口"的地理民族志和玉石之路线路图，以期探寻玉石之路山西道新老路径关系（考古学）；（2）代县玉石信仰民俗及雁门关玉石之路货物运输相关的民间故事、传说等，展开"走西口"的极端远距离经商形式，与晋商传统之溯源研究（民俗学）；（3）公子扶苏庙及相关民间信仰、神话传承情况（民族志个案）三个方面展开玉石之路山西道之代县雁门关段的深入考察。

围绕玉石之路山西道之代县雁门关段路线与玉石民俗信仰问题，二期的调研小组通过实地踏勘东西雁门关（古雁门关即俗称铁裹门的西陉关，雁门关即东陉关）古道、沙河墓葬群遗址、滹沱河及其支流遗迹、文庙、武庙，和访谈方式（如19日与收藏家、书法家、武庙协会会长张润厚先生访谈，20日与磨坊乡众村民访谈扶苏太子庙信仰，22日与从事文博工作40年的原代县博物馆馆长邢生明先生，代县远徙新疆经商者后裔任允莲女士访谈，23日与代县杨忠武祠保护协会会长杨宏伟，原代县文化局长、雁门文化研究会会长杨继东先生访谈等），展开对玉石之路山西道之雁门关玉路的调研。调研小组合作分工为：唐启翠负责雁门关段玉路的出土玉器遗址、公私收藏及水旱二道路线调研，杨骊负责代县玉石文化民俗调研，张玉负责太子庙及其神话信仰的民族志个案调研。

二、雁门玉路之书证

在此次考察中，听得最多的就是雁门关"三边冲要无双地，九塞尊崇第一关"的说法，充分说明世人对雁门关在中国边防和文化走廊上至关重要地位的评价和认同。原代县文化局长、雁门文化研究会会长杨继东先生由此提出了雁门"玉料旱码头"这个概念。此概念是区别于黄河水道沿岸的玉码头而提出的，认为3000年前这里就是由官方设置、镇守和掌控的重要商贸通道，是代马、胡犬、昆山玉、丝绸、香料等交换的廊道。古代州和雁门关作为商贸物资集散地和重要关口，也是昆仑山美玉这种战略物资东进中原的重要关口和通道。

雁门玉路究竟从何时开始，史迹渺茫，无从稽考。但书写文献记载的历史却相当久远。童蒙读物《千字文》里有"玉出昆冈"、"河出昆仑"之说。《战国策·赵策》中谋士苏秦上书赵惠文王，陈述赵伐齐容秦占领云中、雁门等郡的直接后果为"代马、胡犬不东、昆山之玉不出，三宝非王所有"来看，至少在战国中晚期，昆山玉已经由雁门古道进入中原，成为王权青睐的战略宝物。西晋时出土于战国魏墓的竹书《穆天子传》残卷记载周穆王西巡渡黄河绝漳水，逾滹沱绝隃之陉蹬（即古雁门关），越流沙、黑水至昆仑群玉之山，取玉三乘，载玉万只，将雁门玉路推向了公元前960年的西周时期。而2010年版《雁门关志》编者依据山西境内考古遗址，将雁门关玉路推向了公元前2000年，虽然该书所举物证来自远离边关的襄汾陶寺遗址（尧）、东夏冯遗址（夏）和灵石旌介遗址（商）等，具体路线还有待进一步考察，的确也是玉石之路山西道存在的物证。

三、 雁门玉路之物证

（一）滹沱河及其支流遗迹遗物

从公元前2000年到秦代以前的中原出土玉器看，山西是玉器量多质优的大省之一，且历史连贯有序。不过在空间分布上，多集中于太原特别是襄汾以南汾河—黄河地区，如太原金胜村晋国赵卿遗址、灵石旌介、襄汾陶寺、天马—曲村、侯马、芮城坡头（清凉寺）等地，都出土相当多玉器。相形之下晋北地区的忻州代县正规发掘遗址较少，出土玉器亦少。

滹沱河与陉蹬（古雁门关）是最早与玉石之路代县段相关的河流与关口。而实地踏勘发现，滹沱河及其支流两岸台地多有人类活动遗迹或墓葬群遗址，如滹沱河南岸东段景、上阳阁、选仁、东章等新石器时代遗址，东岸上桥庄新石器时代遗址，滹沱河支流峨河西岸峨口、胡峪河畔枣林、盆窑等新石器时代遗址，滹沱河北岸的沙河墓葬群、杀子河庙梁墓葬群，以及雁门古道铁裹门东山脊墓葬群等。这些古墓中的文物如果能幸存，对雁门关玉路的探寻就大为方便了。可惜均遭非法盗掘，千疮百孔，令人惋惜。

丝绸之路经济带与古州雁门

虽然如此，雁门古道勾注山南北古墓出土玉器，如忻州奇村战国墓出土玉饰面、玛瑙环等13件玉器，原平刘庄春秋墓出土玉剑首、玉扣、玉璧、玉环等，代县沙河墓葬盗掘案侦破收缴精美青铜剑、玉璧、玉环、带钩等。在可能的祭祀坑中，还发现有大号玉璧、青铜剑、青铜鼎等。朔州市平鲁井坪战国墓出土玉串珠和玉饰件，马邑汉墓出土玉石器等，仍然依稀可见山西及雁门古道在玉石之路上的重要地位。需要深入了解的是，当地的古玉器在何地生产出来，其所用玉料从何而来？

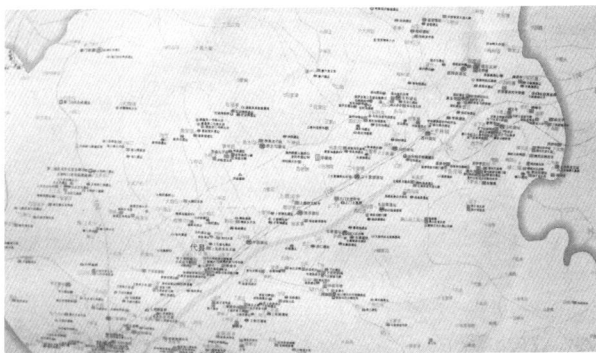

代县文物遗址分布图

沙河墓葬遗址短短一段并排九洞及洞口之一

铁裹门（西陉关）东山脊墓葬遗迹

在访谈中，杨继东先生进一步指出了代县滹沱河在玉石之路雁门关段上的重要功能：古滹沱河是重要水运航道，在20世纪60年代尚可行船。正定大佛寺有一种古老的传说：代县木料在夏季砍伐，用滹沱河水漂浮，冬季结冰后，从冰面拖运到工地。这些都说明，古滹沱河是可以用于航运的。杨继东先生说，在古人观念里，山高水长、山水相济，有山有水之地就应该出有灵气的石头，就应该能孕育、养护有灵气的石头。所以，本地产玉也是情理之中，当然这个问题应该交给地质矿物学家来做出科学的结论。

（二）代县馆藏及民间收藏玉器

据邢生明馆长回忆，从20世纪70年代起，由他经手征集回来玉器不少，后来战国墓葬群被盗案侦破后，公安机关收缴回来一批玉器，现在代县博物馆库存玉器约有千件，器类有璧、环、璜、玦、圭、带钩等，特别是玉带钩很有特色。时代多为战汉，也有少量商周时期的玉器，具体器形和材质已经记不大清楚了，玉质有好有坏，有和田玉，也有石性很强的玉料。（笔者按：县博物馆位于代县文庙内，因重修文庙，所有文物于三年前全部

丝绸之路经济带与古州雁门

归库，不过由于场地条件原因，展出时也多为图片，实物并未展出，2015年有望在新馆开展。）

作为自古至今的玉石商贸通道和集散地，代县民间藏玉之风浓郁，据杨继东局长和张润厚先生告知，代县享誉国内外的收藏大家约有七八个，从事玉器加工的也有七八家，自然也积淀成就了独具特色的玉石信仰和民俗（详见杨骊报告）。

据传出自沙河战国墓的玛瑙组环（私人藏品）

（三）碑刻商号之玉商

雁门商道经营宝玉石的历史究竟从何时开始，无从稽考。虽然雁门玉路溯至战国时代毫无问题，但据《礼记》记载，玉石属于国家官方管制物资，私人买卖属于违法行为。彼时有无大规模商贸性玉石交易尚存疑。不过反向来看，也隐约透出当时存在违法的私下买卖。唐宋以来，随着玉器制品日益日常化，民间用玉渐盛，自然也就成为商贸品之一，专门性宝玉器商号也就随之出现了。代县从清代到民国初年，商号按照经营商品异同分行，以行立社。城内共分为5社20行。5社是宝珠社(金银首饰、珠宝兑换)、宝元社(当行)、宝丰社(粮食和食品加工)、宝锦社(钱行、票庄)、云锦社(京货、绸缎庄)。20行是京货行、山货行、杂货行、芝麻行、陆陈行、钱行、珠宝行、靴行、当行、木器行、铁业行、古玩行、药行、食店行、缝纫行、漆行、染行、粮行、纸行、理发行。今雁门关边靖楼下镇边寺（李牧祠）旁存有清光绪、宣统年间重修雁门关道路布施碑，镌刻有张家口、祁县、太谷、榆次、平定、上党、包头、萨拉齐、朔州、山阴、代州等布施晋商商号逾千，其中32家商号名称与玉相关，如永兴玉、大德玉、大兴玉、世和玉、世兴玉、德昌玉、永盛玉、复成玉等。这些至少能够说明清代玉石贸易产量仍然在雁门关道占据着很大的比重。

四、玉石之路与丝绸之路

今年6月22日，"丝绸之路"申遗成功，中国、哈萨克斯坦、吉尔吉斯斯坦共享此文化成果。然而，经过二十余年的探索，国内学术界不少人已然知晓比丝绸之路更早的是玉石之路，即便是西汉以来欧亚"丝绸之路"，商贸往来的也不仅仅是丝绸，还有茶叶、玉石、黄金、青铜、犬马等，而且在整个欧亚文化交通带的政治、经济、宗教和文化中，玉石显然比丝绸更重要、更清晰和证据确凿。考古发现提供的物证表明，中国文明最特立于世界其他古老文明的就是延续8000年的玉石信仰文化。而至少从公元前2000年开始一直到大清王朝，华夏王权对产于新疆和田的美玉就情有独钟，不远万里孜孜以求。那么，为何政府不用"玉石之路"或者"玉帛之路"来称呼呢？

对此，代县前文化局局长杨继东在访谈中认为，人们对丝绸之路更为熟知的原因可能在于：第一，丝绸作为社会等级的符号和社会阶层区分，谁能穿丝绸？只有皇族和贵族才能享用丝绸，这是划分社会等级的需要；第二，在当时社会生产力低下的情况下，丝绸的产量很低，工艺十分复杂，物以稀为贵；第三，丝绸是由蚕卵孵化成的蚕吐出的丝经过一道道工序、工艺技术而成就的，可以说正是由卵而虫而丝演化生成了服饰文化、贸易文化、染织工艺、纺织工艺、设计工艺等等，最后演变成国际贸易。也正是这一粒卵一只蚕，成为农耕文化的生发点，又成为其他相关文化发展的催生力量。这是人类发展由荒蛮到文明的质变与飞跃。诚然，考古学提供的证据虽然证明玉石之路更为悠久。玉在人类社会，特别是中华文明发展进程中，起着非常重要的、甚至不可替代的作用。至少考古学提供的物证表明，早在八千年前到现在，从远古的神权时代、王权时代、皇权时代，一直到平民时代，玉都被视为宝物、神物，在政治、文化、经济、医疗保健等各方面都发挥着不可替代的功能，但它完全可以被涵盖在丝绸之路这个文化概念之中。但正如习总书记所言，"丝绸之路"本就是一条文化之路，是一个内涵丰富、包容广大的符号代称，此"丝绸"已非真正意义上的彼"丝绸"，丝绸当然可以置换为玉石、茶叶、胡桃，或犬马、皮草和粮食等，但相比之下，丝绸之路已然成为世人熟悉和公认的名称。要深刻理解丝绸之路内涵，发扬"丝绸之路精神"，促进各文明互学互鉴、开放包容、和平对话、互利共赢，这四条也包含了玉石之路、或茶马古道等所体现的文化内涵，这是一个统一的文化整体，从这个意义上说，丝绸就是一个总称符号。

笔者认为，玉路与丝路的名实之争，其实是不同视角使然。西方视角的"丝路"和中国视角的"玉路"，实际上一直处于动态交互状态。或许玉帛之路更贴近历史真实些。"玉帛"并置的历史，比后人意识到的还要早很多。《国语·楚语》中礼仪专家观射父讲论祀牲时，将"玉帛"视为"二精"，《左传》中，"玉帛"与"干戈"、"兵戎"相对，同为祭祀、会盟、朝聘的礼器，如僖公十五年"上天降灾，使我两君匪以玉帛相见，而以兴戎"。哀公七年"禹合诸侯于涂山，执玉帛者万国"。文献虽晚，但所追述的历史却远及夏代开国之君大禹。丝帛显然不及玉石可以保存久远，但史前的几大玉文化中心红山、良渚都有玉蚕出土，钱山漾遗址发现丝麻织品遗存，金坛遗址发现的最早的石钺柄饰骨蚕等，均提示"玉"与"帛"在中华文明物质与精神史上几乎同等重要。

（此次调研得到山西省工商局、代县文化局、县人大、雁门文化研究会、县博物馆、杨忠武祠保护协会、磨坊乡政府等单位鼎力协助，特此感谢。）

参考文献：

1.王凤岗主编.雁门关志，三晋出版社，2010年。

2.俞廉三.代州志.代县：代山书院.清光绪八年（1882年）

3.刘　向.战国策，上海：上海古籍出版社，2008年。

4.司马迁.史记，中华书局，1982年。

5.袁　珂.《山海经》校注.巴蜀书社，1980年

6.王贻樑.《穆天子传》汇校集释.华东师范大学出版社，1994年

7.陶正刚，侯毅，渠川福.太原晋国赵卿墓.文物出版社，1996年

8.中国人民政治协商会议山西省忻州市委员会文史资料委员会编.忻州文史第3辑，2004年

9.唐启翠："玉石之路"研究综述，上海交通大学学报，2013（6）

（作者系上海交通大学人文学院副教授）

从民俗看古州雁门关玉文化

杨骊

继王国维提出文史考证的二重证据法（地上文献与地下文献相互印证）之后，20世纪八九十年代以来，史学界的杨向奎、汪宁生以及文学人类学界的叶舒宪等人相继提出用民俗学、民族学的田野考察材料作为第三重证据。叶舒宪认为，三重证据指民俗学、民族学所提供的相关参照材料，包括口传的神话传说，活态的民俗礼仪，祭祀象征等。他特别指出，第三重证据包括口传与非物质文化遗产，实质上是依然在民间传承的活态文化。

在时间的维度上看，大部分民俗学证据可以称为活态文化证据，犹如植物学所言之活化石。在汉译文献中，使用活态文化这一术语，与之对应的英文词则通常是living culture，意为活着的文化，与那些已经消亡的文化相对应。张承志对这样的活态文化有很生动的阐述：多少次，当我在甘肃在宁夏，亲眼看见农民们使用着二牛抬杠的犁耕着黄土高原的山峁坡地时，我便无法不联想汉代画像石上如出一辙的二牛抬杠画面。不难看出，民俗学活态文化的证史价值在于：一部分文化在漫长的历史中保存了原初样态，如同活化石一般，为我们提供历史的共时性形态，使我们在阐释历史时避免了因为文化演变而产生的历史间距。

2014年7月18日—23日，中国社科院和上海交大联合考察小组就"玉石之路山西道"展开二期调研，笔者作为小组成员之一，负责进行古代州（今山西代县—雁门关地区）的玉石信仰民俗调研。民俗文化是一种活态文化遗存，从民俗中透视人们长久以来的文化心理积淀，可以作为玉石之路命题的证据，与文献学和考古学证据相互印证。古州雁门是丝绸之路的重要关隘，也是历史上著名的丝绸、香料、茶马贸易的重要边市，昆山之玉如果要进入中原，此处极可能是重要通道。笔者通过调查发现，古代州地区有着浓厚的玉石文化信仰和独特的玉石文化传统，特列举如下：

（一）玉与丧葬文化

据代县原文化局局长杨继东所言，即便到了现代，代县的有钱人还有用玉殉葬的习俗。这种丧葬文化的渊源从代县民间收藏的一套殉葬玛瑙环可见一斑。据此套玛瑙环的民间收藏者言，这些玛瑙环出土于代县沙河地区的战国墓葬中，原本置于墓主人胸前。玉环是古时祭天的礼器，这种殉葬方式反映出古代州人玉能通神的文化观念。

古代州丧葬用玉习俗最典型的代表，是晋国赵卿墓。墓主人是春秋时期的赵简子，他的儿子赵襄子在代州杀代王起家，赵简子死后被葬于太原。据《太原晋国赵卿墓》考古报告统计，在赵卿墓中，一共出土了玉器297件，类型主要有璧、瑗、环、璜、琮、璋、圭、玦、佩饰、剑饰等。这些玉器中，主要是玉礼器、玉佩饰和玉剑器，多数玉器制作精致、纹样精美，反映出当时高超的琢玉工艺。特别值得一提的是，其中有玉璧14件，最大直径15.7mm，跟赵简子崇玉升天的民间传说颇为吻合。殉葬玉礼器反映出在丧葬文化中的玉石信仰，相信玉能通神升天、永生不死，反映出古代州人的丧葬观念。

山西省博物院藏赵卿墓玉礼器

（二）玉与吉祥文化

代州人的佩玉习俗源远流长。据代县博物馆原馆长邢生明称，相传从宋代开始，代州有钱人家就有戴玉镯的习惯，这是身份和地位的象征。代县著名书法家张润厚说，到明清时期，男人的旱烟嘴最好的是用玉做的，其次用玛瑙，再次用琉璃制造，烟袋上用玉环作扣。女性一般戴玉镯，还有玉耳坠、玉簪等；小孩头上戴玉帽花，身上佩玉锁。杨继东指出，代县人的佩玉习俗是男人戴白玉镯、女人戴翠玉镯。

沿沟乡郭全财（男，73岁）称，他记得地主老财和有身份的人都戴着玉镯、玉戒指，那是身份地位的象征。耍拳棒的人则戴玉扳指，可以防止跌打损伤。杨家将的三十六世子孙杨芬鳌就佩戴有玉扳指。

玉是传家之宝，玉石饰品通常都是代代相传。代县人任允莲（女，54岁）说，她父亲民国时走西口去新疆经商，给母亲买回来玉镯、玉簪、玉戒指。任允莲母亲在她30岁时，传给她和嫂子一人一个翡翠质玉镯子，一为红血玉、一为菜玉，这是晋商传统走西口的个案。

笔者考察了代县的金店，金店中销售和田玉、翡翠、水晶、玛瑙、黑曜石等玉石类商品，价格从几十元到数万元不等，其中有一个和田碧玉佛挂件标价高达6万元。笔者在代县宏亮金店考察时，老板娘正在手工穿制一条和田碧玉项链，说是有人出高价定制的。玉器的种类有玉挂件（玉佛、玉锁、生肖玉等）、玉扳指、玉摆件等，反映出当今代县人不同消费阶层和群体对玉石类商品的喜爱。

玉石有趋吉避凶的功能，佩玉就能保护佩戴人。邢生明指出，明清时期小孩满月或百天，送礼除了金锁、银锁之外，还有送玉锁的，锁上刻着"长命百岁"、"富贵长命"的字样。笔者也在代县金店看到了玉锁、金镶水晶锁等玉饰售卖，说明这种佩玉以求平安吉祥的文化心理绵延至今。

在访谈中，有三个典型个案体现了现代代县人用玉保平安的心理，可以看出玉能趋吉避凶的观念已经深入代县人心中。

个案一：据任允莲讲述，20世纪90年代，她偏瘫的80来岁的母亲，不小心摔了一跤，手上戴的玉镯碎了，但人却没有摔着。后来她把自己的手镯送给了母亲戴，不想母亲84岁时又摔了一跤，摔碎了手镯，人却依然没事。

个案二：据杨继东讲述，2014年4月，代县有个女子吃安眠药自杀，被救活后神志不太清醒，寻死觅活还要自杀。在挣扎中，手上的玉镯磕成了4瓣，她一下子清醒过来，说这一劫过去了。遂不再寻死，回家后精神也好了。

个案三：据张润厚讲述，他有次骑摩托车撞在水泥墩上，当场昏迷，醒来后推车回家，满嘴流血，伤得很严重。他只是到医院拿了点药，没有做更多的治疗，人却没有什么后遗症。但他回家后发现他佩戴的小玉人的头没有了，他返回出事地点再三寻找，依然找不见玉人头。他认为是那个小玉人替他挡了灾祸，保了平安。

（三）玉与婚恋文化

《代县志》记载，建国以前代县地区婚俗为：新娘头戴凤冠、身着霞帔，腰系玉带，面罩红绸盖头，上轿随新郎出门。到了夫家下轿入室前，还要递宝瓶、踏黄布、跨马鞍、撒五谷等。玉带与宝瓶在婚俗中的使用，赋予女性一种美好的象征，与《诗经》中"有女如玉"、"佩玉锵锵"的寓意一脉相承。

据《代州婚丧礼仪》记载，在代县人的合婚谚语中，相合的属相有"金鸡玉龙双双飞"，不合的属相则为"青龙避玉兔"，玉龙、玉兔的说法背后暗示着人们的玉文化记忆。

据杨继东讲，明清以来，代州有钱人家订婚的彩礼中必须有玉镯。这可以说是《诗经》"投之以桃李，报之以琼瑶"，"彼留之子，贻我配玖"这一类古代玉石文化在婚俗的延续。据代县宏亮金店老板张宏亮讲，现在代县的年轻人喜欢买水晶镶金或玉佛和观音赠送对方，作为爱情的信物。这就是婚恋习俗中玉石文化在现代的延续。

（四）玉与宗教文化

代县地区佛教文化盛行，宗教信仰与玉文化相互作用，对代县民俗产生了不小的影响。据邢生明讲，明清时期，有钱人家信佛的男子在斋戒期间会在腰间佩戴一块刻有"斋戒"两字的玉牌，一般为青、白玉质。旁人看见这块玉牌便知此人在斋戒期间，便不再邀请其喝酒吃肉。此说也从杨继东处得到证实。

据张润厚讲，在古代州的善男信女们喜欢给庙里送佛像。一般人家送瓷质佛像，比较有钱的送青铜佛像，最有钱的人送玉佛。玉佛成为敬奉佛主的最高礼器，充分说明了玉昂贵的文化价值。现今五台山碧山寺所供奉的白玉佛是徐玉如居士从缅甸请来的，不少佛教徒称碧山寺玉佛非常灵验，就是崇玉心理的表现。笔者在代县考察期间发现，不管是城外的杀子河沿岸村民，还是城内的市民小贩，都喜欢佩戴玉佛，代县金店里的玉佛销路很好，这就是玉文化与宗教信仰结合的典型习俗。

五台山碧山寺白玉佛

（五）玉与医疗文化

邢生明指出，玉石治病最典型的习俗是，如果有人手腕崴了起包，人就戴上玉镯（没有玉镯的人就想办法找人借），用玉镯把手腕上的包打压回去。另一代县人任允莲也听说过这一偏方，称玉镯可以"打腕劳儿"。此说法还得到代县鹿蹄涧村杨家将后裔杨宏伟（男，39岁）、杨炳远（男，57岁），代县宏亮金店老板张宏亮的证实。

郭全财老人称，晚清、民国时期，如果有人眼睛生病，就戴石头镜（水晶眼镜），眼睛就出来眼屎，戴上几天就会好。

杨继东指出，现在代县人还沿用玉镯碾脖筋的治病方法。这跟现代医疗保健中用能量石疏通经脉有异曲同工之妙，揭示了现代医疗文化更古老深远的玉文化起源。

笔者在踏勘代县的雁门关铁裹门沿线时，看见沿路山崖上有很多白色的石英石。据山上放羊的老大爷说，用这种石头和着艾草煮水擦拭创口治病，效果很好。

代县雁门关铁裹门上随处可见的白色石英石

（六）玉与姓氏文化

据《杨氏族谱》记载，代县鹿蹄涧村十六世杨氏15名子孙姓名中跟玉相关的有杨圭、杨琮、杨瑞、杨琛、杨瑾、杨瑜、杨琪、杨环等11人；开平二十五世杨氏子孙共9人，其姓名中跟玉相关的有：杨琪、杨瓒、杨瑄、杨琦、杨玺、杨珍等8人。十六世杨氏子孙生活在元代，可见那时代州人的崇玉观念已经在姓名文化中有所体现，并一直延续到后世。与此类同的个案是，清代道光年间忻州市双堡村人王有德曾在新疆昆仑山采玉并留下石刻，在双堡村王氏家谱中，王有德的下一辈子孙姓名也多与玉相关（详见中国社科院王仁湘文《从和田到忻州：寻找清代采玉人》，载于2002年《文物天地》第7、9期）。

此外，从《山西历代进士题名录》中可查到，古代州的进士中有不少人的名字都与玉相关，如郑玉弼、解璇、庞玺、郎汝琛、张凤瑞、王璜、谢玺、梁璟、李瓒、张士瑄、李毓珍等人，这也是代州人崇玉观念的一个例证。

（七）玉与灵石崇拜

山西民间故事《古交墨玉》中，讲述了一个仙翁送煤给樵夫的故事："我本南山翁，住在地层中，你若将我寻，墨玉来奉送"。这个故事说煤的读音原为"墨玉"，说滑了就变成了"煤"。从认知人类学的角度来看，这说明山西人对玉的认知远远早于煤；同时，这种以玉比煤的修辞方式更反映出山西人骨子里深刻的玉石崇拜心理。在《慈林晚照》的民间故事中，讲述了发生在长治长子县朱元璋和一块宝石发光显灵的神奇传说，灵石之说其实是灵玉观念的变形。古人以石之美者为玉，更重要的是，在古人的心目中，玉石还有其他石头不具备的灵性，因此灵石才有通神之力。在古代州地区流传的灵石神话，也从侧面反映出人们的崇玉心理。

在代县鹿蹄涧村，流传着一段神奇的鹿石传说。据说杨业第14世孙杨友和杨山打猎时射中一只梅花鹿，此鹿带伤逃跑到一个小村庄时突然遁地不见了。杨友等人掘地三尺，发现一块怪石，上面雕着一只带箭的梅花鹿，杨友兄弟认为此鹿石是祥瑞之兆，于是举家搬来此处世代居住至今。如今，代县杨忠武祠还供奉着这块鹿石，有不少人前去烧香祭拜，求灵石保佑。

图4：杨忠武祠供奉的鹿石

在《代州志》的《顺应侯庙记》中，有一段这样的记载："先是庆历中郡守张元退夫，以祷神之应为记。**镜**石置前庑之壁，季夏营葺之际，乃望之晨。忽于记石之上左，若雨露粘渍，光莹洞彻，山林人物莫不照见。护役吏泪阖庙众工，咸观其异。"顺应侯庙是古代州人祭祀龙王祈雨的场所，这段文字讲述放在庙前庑之壁的**镵**石突然一天早晨莹润发光，照彻四方，众人都以为是异象。**镵**石本是一般的石头，但它的发光莹润，俨然是一块有了灵性的石头，和玉的灵性非常相近。从这段叙事，可以看出代州人的灵石崇拜心理。

综上调研可知，在古代州地区人们心目中，玉石不仅是身份地位的象征，还有治病、趋吉避凶等多种功能。因此，代州—雁门关地区人往往将玉视为最宝贵的东西，正如代州民谚所谓："金银有价玉无价"。由此可见，玉文化在代州民俗中留下了深刻的文化记忆，对代州人的生活产生了潜移默化的作用，必定是经过长期的玉文化浸润的结果。

此次调研得到山西省工商局、代县文化局、县人大、雁门文化研究会、县博物馆、杨忠武祠保护协会、磨坊乡政府等单位鼎力协助，特此感谢。

（作者系四川大学文学与传媒系副教授）

昆山玉，雁门文化的集体记忆

杨继东

昆山玉的集体记忆存在于雁门古州的芸芸众生中，存在于这片土地上古老部落的前世今生中，存在于峰峦叠嶂的雁门群山中，存在于两山夹滹沱的大地中。昆山玉的集体记忆还存在于煌煌典籍的《史记》中，存在于灿烂的红山文化中。司马迁在《史记·赵世家》中提出了晋国重卿赵简子那个时代雁门古州的三大土产："代马、胡犬、昆山玉"。那个时候雁门古州即今日的代县、今日的雁门关，属赵地，即晋卿赵简子的地盘。

昆山玉在那个时候是赵氏国家中的重要战略物资。据中国社科院研究员叶舒宪讲，玉是神的食物，是和神对话听取神之指示

战国玉龙

的中介。那时候国家除过兵事，就是祭祀了。兵事、祭祀就是国家的两件大事。但是，昆山在雁门群山中的何处，或曰今日雁门群山中哪座产玉，今日代县何处有古时候的玉作坊遗址，民间有无流传下来三千年前的玉器、琢玉工具。带着这些问题中国社会科学院的叶舒宪及弟子，两次来代县考察。他们从博物馆馆藏文物中找证据，从出土文物中寻找实证，从民间收藏家中寻找玉器

件，从民情风俗文化中求证。对流传至今，人们信玉、崇玉、尚玉的风俗、事件做了认真的搜集和梳理。他（她）们师徒沿着周穆王当年西巡路线图（叶先生师徒坚信，周穆王西行路线图，也就是当年西玉东输至雁门关的路线图），行走在蜿蜒险峻且已荒废的雁门古道上，登上战国时的九塞之一雁门紫塞（古雁门关）旧址铁裹门和现在的雁门关上。在白草口、水峪口及雁门关口上白云闲游，山风无语，群山卧眠，古物沉默，尽管他们捡到了3000年前的陶片，残缺的头盖骨，看到了稀奇古老的玉小件，但是还难以讲出一个圆满的"玉料旱码头"的故事，没有找出昆山匿在何处。

尽管如此，叶舒宪师徒留下的五份考察报告还是出炉了。这五份考察报告如同一个复杂故事中的几个细节，虽不能拼接成一个圆满的昆山玉故事，但毕竟向司马迁的命题靠近了，为研究昆山玉的人们划出了一条起跑线。为当地文化工作者，为山西的史学者，为研究如何融入丝绸之路经济带标出了节点，写出了故事题目。有了问题就有了解决的方向，也拓开了一个新的经济领域特别是文化产业的发展方向及领地。苹果往地上掉，不往天上飞让牛顿看见了，牛顿搞出了万有引力定律，开创了经典物理学。司马迁点出了昆山玉，让叶舒宪看到了，给大家开创了一个还原3000年前雁门关"玉料旱码头"繁荣昌盛的新的历史研究领域。两者虽不能相比，但搞清雁门关是玉料旱码头，讲好昆山玉的故事，对于今日之代县，对于今日之雁门关的发展保护是十分重要的，是个抓机遇（丝绸之路经济带），促飞跃的大事情；是推进代县经济和社会全面发展的大事情。

为了让叶先生师徒站在中国社会科学院和上海交通大学这两个平台上讲好昆山玉这个古老古老的故事，我作为一个东道主，在无法提出玉作坊遗址、昆山玉开采遗址等实证的情况下，只好从藏在代州人的文化记忆中讲起。

第一讲，现代代县人信玉、崇玉、尚玉的文化记忆。在今天的代县，即当年的雁门古州，玉以其多元的文化价值和根深蒂固的文化观念及由此而幻化出的文化视觉，行走在芸芸众生的多元与个性之中，故而有了玉器是"神物"之说、"玉惊"之说。

首先，玉件行走在平安

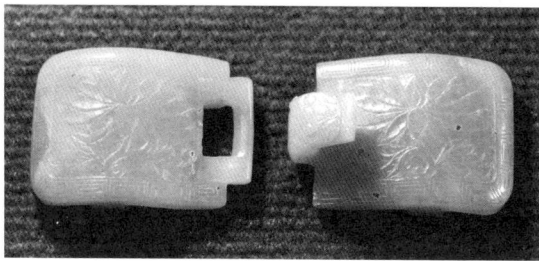
明代玉带扣

文化之中，为不同层面的人群所接受和信奉。玉可代人受过，可佑护老幼，防止妖魔的伤害，此一说源于玉可通神鬼，是神鬼的食物这一古老信条。在民间则有"玉惊了"这一说。"玉惊了"就是佩带之人或因意外跌打，或因灾病而损伤或损坏了玉件。玉件坏了（惊了）人则平安。今年前半年，有一位年近四十名叫仙玉的妇女，因丈夫出过事，儿子没就业之压力，提前进入了更年期。在病情发作之时，精神恍惚，疑心重重，在不知所然的情况下，一口吞下一瓶安眠药（自己还是乡镇卫生院大夫）。经过医院抢救苏醒后，她仍坚持拒绝治疗，精神仍显异常，自己拔掉输液水，辱骂丈夫、几番挣扎后，要下病床回家。在众人的扶护下她坐起来了，就在仙玉坐起瞬间，其佩带的玉镯在吊架上一碰，碎裂成四截，她忽然很正常地一笑平静地说，镯子走了，我平安没事了，回吧。几个月过去了，目前她正常地打理着家务，上着班。

其次，玉件以一种高尚思潮的泡沫文化行为，行走在年轻的"杀马特"中，"杀马特"是一个网络语言，是对社会基层中年轻的一代中某个群体的概括。这群二十几岁的年轻人，梳着头发直立、颜色怪异的头型，抽着烟、敞着胸、拿着山寨版名牌手机，穿着奇装异服。在代县的"杀马特"群体中，他们敞着的胸上多了一样东西（哪怕是冬天），学着当地矿老板的样子，配一件染色的粗劣玉挂件（或玛瑙、或合成玉），显示自己是"富二代"的羡慕心理，或是"官二代"的炫耀行为，或是表明自己混在影星、歌星圈里。无论何种心理，玉挂件或是吊在脖子上，或是挂在胸口前。

其三，玉件或大件以古老的玉文化，"儒雅"之性，行走在老板和文化人之中。代县当今身价数亿的老板不少，数千万的比比皆是。因为他们为了摆脱俗气，用儒雅的爱好养心、养眼，以摆脱钱给他们带来的种种烦恼。他们爱上了古玉和高档翡翠，只要听到有关古玉或高档翡翠的消息，可以"屈尊"亲自去相关者家里出高价购买。

如一位河南李氏老板（已在代县工作居住十余年了），三去货主家，以3万元的价格买了一只2cm长，宽0.5cm的一条战国玉凤，据这位矿山老板自己讲，他收藏有商代小玉人一百余件，收藏价值已逾亿元。还有一位买翡翠、玉石过亿的韩氏老板，更是到惹眼的地步。他手上戴着价值300万元人民币（他自己讲的），阳绿、玻璃底子、颜色非常匀的一枚重半两多的翡翠戒指。还有一位刘氏老板，脖子上挂着一只三两重的锥形古器物，曾很豪爽地邀我，到他办公室喝茶、说文化、看古玉。

当地退下来的一些老干部、老职工，也十分赏玉、崇玉、尚玉。当然，他们出于经济能力之限制，玩一些小件、手把件，大件和古玉就不敢问鼎了。但是他们对玉的感情深多了，对玉的知识丰富多了。有一位高氏书法家，是中国书协会员，书法技术实力强，在一次书展活动后得了一笔大款，他没有买房置地，而是从辽宁弄回一块重达一吨多的岫岩玉料，摆放在院里。供其养眼观赏，师法玉美寻找灵感，养性、养艺道法自然。

代州人，在多元文化的今天，还顺着古老玉文化价值趋向，发展她、延续她。玉是平安之神、玉是财富之神的观念没变。这就是昆山玉文化之根的惯性作用。

第二讲，清末民国时期，代州人信玉、崇玉、尚玉的文化记忆。在那个时代，玉器件以其神物、医药的文化价值，闪烁在乡绅和平民中的思想中，行走在人们的宗教活动中和日常生活中，故而有"金银有价玉无价"之说。

我的爷爷杨生文出生在公元同治三年，在日寇侵华前曾做"覆聚成"、"聚深恒"和"后油坊"三家买卖的跑外掌柜，当然他老人家还信奉道教中的"清福道"。九一八事变后，辞去三家买卖的掌柜回家一心修道。老人家在读书修道之外，常年干的营生是拾粪，还有季节性"活儿"，即夏秋带着我爹捡蘑菇、地皮菜，采瓦松和马勃。后两者是味中药，可配偏方治疗跌打和破伤。爷爷可称得上是三村五里之内的乡绅和文化人，民国年间纪泽蒲任县长时还手条幅书赠我爷爷哩。像我爷爷这样的人拥有一两件草地里（本县人指西域或内蒙古）来的神器，即玉件是情理之中。传至我辈，我只知爷爷有两件玉器，一是玉镯，一是一只没名字的玉印。玉镯既是我爷爷的日常伴物佩件，又是一件法器，随他老人家入土了。另一件是玉印章，20世纪90代末我送朋友了，真正的和田玉料，现在以克论价的料。玉器是爷爷的法器，即在他入的清佛道中，把青铜镜、剑、玉镯作为法器。爷爷常做的一件特殊法事是把有字的纸捡回来烧成灰，然后将纸灰倒在离村8里地外的滹沱河里。这是"捡字纸出贵子"的道教教条使然。每到此时爷爷必戴玉镯，石头眼镜，穿上长袍，认真地背上字纸灰篓，独行在"道"之道上。撒完灰他会用甘冽的滹沱河水，洗洗宝镯、洗洗手。去滹沱河倒字纸灰是爷爷践道时的一件法器。

村里的一般村民也把爷爷的玉镯视作法器，平时是用不得的，更不可能拥其所有。只有在两种情况下，可向爷爷借回去（实际上有个仪式是请神回去），或用或供一下。一种情况是病人丢了魂，招魂时用，一种是手腕筋骨受伤后用于按摩治疗用。

村里或村外的老弱病残遇到惊吓往往会出现昏睡、不食不喝不言语的状态，此时会请巫师做法招魂，巫师也没有玉器件，只好派人到我家找我爷爷借玉镯，然后把玉镯放在病人的额头、口外、胸口逐一烧香敬纸、念咒摆供把魂招回来。这个作法可能源于上古的玉璧，我们的祖先认为人的灵魂可从玉璧中间孔道处出去升天，梦见见神灵，听完神的训示后，又可从天上通过玉璧之孔道附至体上。玉镯可治疗手腕筋骨之病，实际上是用玉器按摩手腕之筋骨，通经活络，此处不多叙了。

第三讲，宋、元、明时代州人信玉、崇玉、尚玉的文化记忆。在那个时候，玉器以各种挂件、佩件的形式游走于社会各个阶层，渗透在日常生活中，他们不仅仅是神之物、天子之物、王爷贵胄之物。而且也是一般士绅之物，故而有了"金玉良缘"之说。玉器件从神权、王权、贵族权中走到民间、走到乡绅们的婚姻之间。

在金、元之间玉器物件是一个人的爱物和随葬品。在明朝年间设的39堡之一的永和堡，一位村民在抽水浇庄稼地时灌塌一座古墓，此地名叫赵家围。"围"字就是老墓地群的古称，赵家围就是赵家的老坟地了，但该堡村民中并没赵氏。古墓中有一骨灰罐，有一槽杇的木牌，牌上写着"北路将军赵××"，地主人千般寻觅，找出碧玉扳指一枚，青白玉水草鹅小玉佩一件，宋代磁州窑磁枕一件，仅此随葬品使砖碹的大墓显得空荡荡。从这座墓中的随葬品及墓主人的身份，可看出玉在当时的重要性。

　　本地还有两出戏，讲了金玉良缘。一出叫《拾玉镯》、一出叫《金镯玉环记》。两出戏讲了明朝的两段姻缘。《拾玉镯》说的是公子傅朋信游孙家庄，巧遇少女孙玉姣，二人一见钟情，傅朋故意将自己佩的玉镯遗失于地，让孙玉姣拾去，作为定情信物。此情此景碰巧让邻居的刘媒婆碰上了。好心但又调皮的刘媒婆答应为孙玉姣撮合这桩婚事。这里不是讲剧情，重要的是讲傅朋公子身上佩带着玉镯，一个小户人家的少女孙玉姣敢于拾这个玉镯为己有，而刘媒婆不重视玉镯本身的价值，而重视婚姻关系。这样一出戏把玉的平民化、玉的大众化，详尽而真实地表述出来了。

　　从北路将军只随葬玉佩、扳指，到傅朋、孙玉姣的镯子，再到户部尚书之女贾桂梅相赠所爱茶童雷保同玉环都是在讲玉之道德属性、玉之高贵品质。《金镯玉环记》一戏，讲的是原总兵儿子雷保同带信物玉环金镯上京赶考，"玉环金镯"亦为户部尚书之女贾桂梅赠与雷保同的信物。这说明玉从祭天地中走出来了，从王权、皇权中走出来了，也从神灵中走出来了。但是玉没失了自己的身份，还是高贵的道德符号、高贵的信仰符号、高贵的价值符号。玉件是平民"爱"的信物，是爱情婚姻的实物载体。玉还有如此身价，故为所有人珍视，为所有人敬仰的。这就是元、明时代代州人对玉文化的琐碎记忆。

　　第四讲，隋、唐代州人信玉、崇玉、尚玉的文化记忆。在那个古老的时代，玉以蹀躞和佩的形式游走在皇族王爷、将军贵胄之间，故有"蟒袍玉带"之说。南梁江淹《江文通集·扇上彩画赋》曰："命幸得为彩扇兮，出入玉带与绮绅"，唐韩愈《示儿》诗，"不知高官卑，玉带悬金鱼"。唐制三品以上官员腰间要系金玉带。

　　在隋唐时期代州人信玉、崇玉、尚玉，可由隋炀帝好玉，五代

丝绸之路经济带与古州雁门

晋王李克用墓葬壁画说明，隋炀帝在做皇帝前曾任要职并州总管，亦为被其父封为代王。隋炀帝在职期间，与杨素合作多次出兵雁门关与突厥作战，多次来代县活动，大业十一年八月十五日被突厥始毕可汗围困于代州古城足足一个月（史称"雁门之变"）。隋炀帝与代州的缘分很深，在代州活动持久，他们的嗜好会引动代州官僚乡绅的效行，波及当地平民百姓。隋炀帝是个历史大人物，"炀"字就是一个没边没沿的大，是其姨侄唐太宗李世民所封，虽有贬义并有警示后代李氏儿孙之意，但"大"之意还是盖不住、罩不严的溢出来。由此推及，隋炀帝嗜玉肯定也是一个大大的动作。最近扬州曹庄出土的隋炀帝墓就可证明，隋炀帝墓出土了一套全国唯一的最完整的、也是等级最高的13环蹀躞带。考古专家讲，这套蹀躞是上古时候我国带具系统中最高等级的实物，也就是说在隋炀帝之前和之后再没有这样等级高的腰带了。高在何处？就是高在其上的玉带扣为13块，而其他帝王均为9块。玉料之质、玉雕之工、玉质之高、蹀躞之精美，前无古人，后无来者。

晋王坟位于今县城西七里铺村，为晚唐晋王沙陀人李克用的陵寝。墓冢遗迹高10米，周长60米在"文革"时遭到破坏。1994年进行了抢救性发掘，墓室为圆角方形，券穹隆顶，直径9.7m，高5.6m，墓道长约50余米（部分压在铁路基下），墓葬中壁画有家宴图、出巡图、猎狩图，图中的仕女或沙陀女商人手腕佩有手镯，衣服上有鸟兽玉饰。从晋王李克用墓壁画可知，无论是居住在代州的汉人，还是少数民族，甚至是居住在代州的外国人，都把玉作为身份的象征。玉件的样式、质地是社会阶层划分的公认符号。

第五讲，西汉时期代州人信玉、崇玉、尚玉的文化记忆。在那个古老的时代玉以玉璧、龙凤的形式游走于军士和贵族之中，故有"玉府"、"玉房"、"玉堂"之说，而且今天人们还常把玉堂、玉锁用作人的名字。玉堂是宫殿的美称，在汉代是为天子的一个殿名，唐宋之后称翰林院为玉堂，自此以后人们把玉堂院称为富贵之宅，或仙人之居所。汉代杨雄有诗曰："历金门，上玉堂，有日矣"。《三辅黄图》记汉代未央宫则有玉堂。

那时候古州雁门的尚玉之风如何还原，由上、下沙河古墓群讲述。下沙河古墓群位于上、下沙河和丈子三个自然村之间。该墓地没有坟冢，早变为庄稼地。该庄稼地或墓群东西宽约2000米，南北长约3000米，面积达600余万平方米。2001年6月有关部门曾清理残破墓葬90余座，为战国汉代叠合墓群。据清理者和盗掘者讲，这里墓是墓下有墓，墓中有墓，墓虽为直穴，但贵贱有别。无论何等级的墓，都有一个共同点，即最穷的墓中亦有一块杂玉玉璧或杂玉素面玉环。

玉璧是祭天礼天神的礼器，戍守雁门关的兵士来自四面八方，他们没有生还的希望，但死后期冀其灵魂通过玉璧升天或回到老家或与已在天堂的家人团聚。士兵们的这种信玉、崇玉、尚玉之风也融入当地的民情民风，特别会引起当地那些与士兵家庭同样命运家庭之父母的心里共鸣，由此长久，慢慢地就成为一种思维惯性、文化惯性。成为生命过程的一种需求，人生过程中的必需物件。需求会产生巨大的市场，市场是推动雁门关为玉料旱码头的强大动力。雁门群山当地产生的一些美石，或周边附近产生的一些类似于玉的美石，都会汇集于塞下，加工成玉璧满足军市这个庞大的消费群体，流通与这个庞大的市场。也许昆山玉这个代号由此而生，由此而流传于中原或中原之外的少数民族地域。这才值得司马迁在《赵世家》篇中浓浓的记了一笔。

第六讲，晋国时期代州人信玉、崇玉、尚玉的文化记忆。在那个古老古老的时代，玉以玉璧和玉琮（祭天礼地）的形式游走在王权和神权之间，故有了"玉叶金枝"之说。玉叶金枝系指皇族。关汉卿在其杂剧《蝴蝶梦》中有这样的话语，"使不着国戚皇亲，玉叶金枝便是他龙孙帝子，打杀人要吃官司"。

这个时候人们信玉、崇玉、尚玉之风，应由晋阳发掘的《晋卿赵简子墓》来表现。赵简子殉葬玉共出土57件，其中玉璧多达14件，最大直径15.7cm。14件玉璧就是14件礼天之器，就是赵简子灵魂的14条升天之道。古人认为一个人的灵魂就是能离开身体而独立存在的精神。这个精神由魄和魂组成，《左传·昭公七年》曰："人生始化曰魄，既生魄，阳曰魂"。《疏》曰："附形之灵为魄，附气之神为魂"，故演化为一个人有三魂七魄。三魂七魄共计为10，10个灵魂元素走14条通路，可谓畅通，绝不拥堵了。那么赵简子的灵魂升天可谓是坦途通衢了。当然这样的随葬玉件安排，这样的想法，是春秋时期赵简子儿子赵襄子的价值趋向了。赵襄子是实现赵简子建国布局，实施三家分晋，推动春秋向战国转化的重要历史人物之一，也是活动在代州地域，对代州影响最大的历史人物之一。

赵简子和代县雁门古州即今之代县可谓源远流长，古州雁门既是他的食邑之地，又是他御北狄之重要门户。代州是赵氏父子加强自己实力，分晋国之预演之举，（灭代国、杀代王之事。就发生在代县今天的馒头山，代王是赵简子的女婿啊，），行三家分晋之动，成为春秋走向战国的历史转折点。

赵简子和雁门古州的渊源这么久远，那么他活时的爱玉之风，死时的葬玉之俗，一定会给当时古州官僚们留下深刻的印记，一定会渗透蔓延至民间，发展壮大本地爱玉敬玉之风，形成一种深刻文化记忆。在历史剧变的时刻，形成的玉文化记忆，尤为深刻久远。

2014年8月14日

（作者系原代县文广体局局长、山西大学兼职教授）

西玉东进雁门关

——杨继东先生访谈录

唐启翠

访谈背景： 中国社会科学院和上海交通大学联合考察小组"玉石之路山西道"实地调研二期。

访谈时间： 2014年7月18日至23日

考察组成员： 上海交通大学唐启翠副教授、四川大学锦城学院杨骊副教授、上海交通大学张玉博士

访谈人： 山西省代县原文体局局长、山西大学兼职教授杨继东先生

唐启翠（下简称唐）：杨局长好！衷心感谢数日来悉心备至的安排与照顾，同时感谢您百忙中接受访谈。习总书记2013年9月在访问中亚四国时提出"丝绸之路经济带"建设战略构想，您作为雁门关下文化官员和地方文化爱好者，对古州雁门和丝绸之路经济带建设战略关系如何考虑呢？

杨继东（下简称杨）：习总书记的演讲是很前瞻性的谋划，他提出共同建设的"丝绸之路经济带"，让传统意义的欧亚"廊道"，成为一个以点带面，从线到片，形成区域的大合作的组带。古州雁门（包括白草口长城段—雁门关）作为一条历史悠久的商贸、族群交流融会的重要文化廊道，当然要抓住这一重大历史机遇，加速推进历史文化名城和雁门关文化遗产向文化产业的

转变，快速融入"丝绸之路经济带建设"，期待迎来代县文化、经济复苏和繁荣富强。

唐：哦，也就是说在此大背景下，您提出了"玉料旱码头"这个概念？何以证明呢？

杨：是的。"玉料旱码头"这个概念，是区别于黄河水道沿岸的玉码头而提出的。古代国之大事，在祀与戎，都离不开玉，特别是美玉，那是比粮草、油盐更具意识形态属性的更重要的战略物资。"玉码头"概念的提出是当今文化产业化的重要基点，既有历史深度又有现实需求，若能联合甘肃、青海、新疆、辽宁、俄罗斯、韩国等当今尚存的玉料产地，联合开发的产业园前景是很广阔的。

如何证明呢？个人认为可以从三个方面来证明：第一，历史文献记载，早在《战国策·赵策》、《史记·赵世家》中已经提到昆山玉从雁门东进中原了。这就是你们所说的书证吧。第二，雁门关南北的文化遗址，包括墓葬和祭祀性遗址，出土玉器的材质，有昆仑山脉的，也有其他地方的，可能还有产于雁门山的硬石。雁门山上盛产硬石就记载在明代的《代州志》中，这种硬石色泽鲜艳，类似寒冰含血，非常漂亮。在科技不发达的情况下，极有可能将雁门硬石和昆山玉混为一谈。第三，古州雁门有着悠久、丰富的玉文化积淀和习俗，"金银有价玉无价"，玉不仅是有钱人身份地位的象征，举凡地主老财、官宦之家都有戴玉镯子、玉戒指的习惯，男人的烟袋嘴最好的是用玉作的。人们相信玉可以趋吉避凶护体保平安，如"玉惊了"就是代县特有的民俗，小孩满月，送金锁、银锁，也有玉锁，上面通常镌刻"长命百岁"、"富贵长命"等吉祥话；人们还用玉来治病，如"打腕劳儿"和玉镯碾脖筋。"打腕劳儿"是个啥意思呢，就是手腕扭伤红肿时，戴上玉镯子不停摇动来治病，这不就是疏通经脉之法么？这些至今仍存的用玉习俗，绝非一朝养成的，是有着悠久的历史渊源的。而这也是雁门玉路存在的活化石。

古代州和雁门关作为商贸物资集散地和重要关口，是由官方严密掌控的商贸通道，也是昆仑美玉这种战略物资东进中原的重要关口和通道。

唐：是啊，古城雁门如此重要，为何丝绸之路经济带建设规划中没有这里呢？

杨：中国境内国际古迹遗址理事会将丝绸之路分成了54个"廊道"，现在申遗成功的只是洛阳—长安—天山廊道，内蒙—山西也是廊道之一，属于剩下的那53条，尚待积极努力。申遗成功的廊道现在积极行动起来了，剩下的53条该如何办呢？我个人认为，找准丝路上的节点城市、节点文物保护单位，作为载体，做好文化产业融入丝绸之路经济带建设。代县，即古代州，就是节点城市。雁门关就是一个重点关口，3000年前这里就是由官方设置、镇守和掌控的重要商贸通道，代马、胡犬、昆山玉、丝绸、香料等交换的廊道。当然有望努力成为丝绸之路经济带战略规划中的一部分。

唐：今年6月22日，"丝绸之路"申遗成功，中国、哈萨克斯坦、吉尔吉斯斯坦共享此文化成果。经过近二十余年的探索，现在很多人已然知晓比丝绸之路更早的是玉石之路，即便是汉以来欧亚"丝绸之路"，商贸往来的也不仅仅是丝绸，还有茶叶、玉石、黄金、青铜、犬马等，而且在整个欧亚文化交通带的政治、经济、宗教和文化中，玉石显然比丝绸更重要、更清晰和证据确凿。考古发现提供的物证表明，中国文明最特立于世界其他古老文明的就是延续8000年的玉石信仰文化。而至少从史前2000年开始一直到大清王朝，华夏王权对产于新疆和田的美玉就情有独钟，不远万里孜孜以求。为何政府不用玉石之路或者玉帛之路

丝绸之路经济带与古州雁门

呢？

杨：考古学提供的证据虽然证明玉石之路更为悠久，但正如习总书记所言，"丝绸之路"本就是一条文化之路，是一个内涵丰富、包容广大的符号代称，此"丝绸"已非真正意义上的彼"丝绸"，丝绸当然可以置换为玉石、茶叶、胡桃，或犬马、皮草和粮食等，但相比之下，丝绸之路已然成为世人熟悉和公认的名称。要认真学习总书记的讲话，深刻理解丝绸之路内涵，发扬"丝绸之路精神"，促进各文明互学互鉴、开放包容、和平对话、互利共赢，这四条也包含了玉石之路、或茶马古道等所体现的文化内涵，这是一个统一的文化整体，从这个意义上说，丝绸就是一个总称符号。

唐：玉路与丝路的名实之争，其实是不同视角使然。西方视角的"丝路"和中国视角的"玉路"，实际上一直处于动态交互状态。或许玉帛之路更切近历史真实些。"玉帛"并置的历史，比后人意识到的还要早很多。《国语·楚语》中礼仪专家观射父讲论祀牲时，将"玉帛"视为"二精"，《左传》中，"玉帛"与"干戈"、"兵戎"相对，同为祭祀、会盟、朝聘的礼器，如僖公十五年"上天降灾，使我两君匪以玉帛相见，而以兴戎"。哀公七年"禹合诸侯于涂山，执玉帛者万国"。文献虽晚，但所追述的历史却远及夏代开国之君大禹。丝帛显然不及玉石可以保存久远，但史前几大玉文化中心的红山、良渚都有玉蚕出土，钱山漾遗址发现丝麻织品遗存，金坛遗址发现的最早的石钺柄饰骨蚕等，均提示"玉"与"帛"在中华文明物质与精神史上几乎同等重要，为何世人只重"丝绸"不见"玉石"呢？您如何看待这个问题？

杨：我想有这样几个原因，第一，丝绸作为社会等级的符号和社会阶层区分，谁能穿丝绸？只有皇族和贵族才能享用丝绸，这是划分社会等级的需要；第二，在当时社会生产力低下的情况下，丝绸的产量很低，工艺十分复杂，物以稀为贵嘛；第三丝绸是由蚕卵孵化成的蚕吐出的丝经过一道道工序、技术而成就的，可以说正是由卵而虫而丝演化生成了服饰文化、贸易文化、染织工艺、纺织工艺、设计工艺等等，最后演变成国际贸易。也正是这一粒卵、一只蚕，成为农耕文化的生发点，又成为其他相关文化发展的催生力量。这是人类发展由荒蛮到文明的质变与飞跃。

当然不可否认，玉在人类社会，特别是中华文明发展进程中，起着非常重要的、甚至不可替代的作用。至少考古学提供的物证表明，从8000年前到现在，从远古的神权时代、王权时代、皇权时代，一直到平民时代，玉都被视为宝物、神物，在政治、文化、经济、医疗保健等各方面都发挥着其不可替代的功能，但它完全可以被涵盖于在丝绸之路这个文化概念之中。

唐：呵呵。听说您曾四次自驾探寻和重走玉石之路，您是从什么时候开始探索"玉石之路"的呢？初衷是什么？心想事成了没？

杨：很遗憾，一事无成。本想重走丝绸之路来寻找玉石之路的，但却未能如愿。因为丝绸之路文化涵盖面太大了，渗透在衣食住行之中，也渗透在眼耳鼻口之上，所以越看越觉得深奥，不知道如何下手了。当年我在走丝路时，是有计划的，其中很重要的一个计划就是"走丝路读文化"，但是由于种种原因，最终并没有写成，比如丝路重镇高昌古城，第一次想写高昌古城玉石贸易盛况，希望从玉文化角度恢复其原貌，结果无从下手。第二次又想从突厥和隋朝的交往，但又没有写成，现在又想从刘细君和乌孙和亲写，从少数民族婚姻制度入手来一窥民族关系，构想了很久依旧难以下手。从这个意义上看，就是人生多遗憾，一事无成啊。

丝绸之路经济带与古州雁门

唐：这几天在这里，听得最多的，就是"三边冲要无双地，九塞尊崇第一关"，充分说明了世人对雁门关在中国边防和文化走廊上至关重要地位的评价和认同。而《战国策·赵策》中谋士苏秦上书赵惠文王，陈述赵伐齐，，容秦占领云中、雁门等郡的直接后果就是：代马、胡犬不东，昆山之玉不出，三宝非王所有。说明至少在战国中晚期，发源于昆仑山脉的美玉已然经由雁门古道进入中原，成为王权青睐的战略宝物。甚至晚出的《穆天子传》中把这条玉路推向了史前960年的西周时期。2010年出版的《雁门关志》专辟了一章"从玉石之路到茶叶之路"，将雁门关玉路推向了史前2000年，但所举物证却是远离边关的襄汾陶寺遗址、东夏冯遗址（夏）、灵石旌介遗址（商）、天马—曲村（西周）、太原金胜村晋国赵卿遗址（东周）、侯马盟誓遗址（东周），而雁门关附近仅见春秋战国时期墓葬遗存少量玉器，您如何看待这种现象？又是如何从代县出土玉器来思量雁门关玉路的呢？

杨：古城雁门作为一个商贸集散地，不管是玉石，还是丝绸、犬马、茶叶、皮毛等等，真正留在这里的很少，这里只是一个通道，一个平台，但却留下了各种玉文化，前两天我们已经谈了很多，刚才也提到了。

唐：是的，杨骊这次的报告就是专门从留存在代县的种种用玉习俗来见证玉石之路雁门关段存在的。

杨：是的。当地也出土了很多战国和汉代时期玉器，比如玉璧、玉环。上下沙河的战汉墓地群大

汉代玉璧

水过后，就可以冲出玉器，河边断崖也可搜寻到玉器。

唐：哦。今天早上贾建伟（代县博物馆馆员）先生，带着我们去看了雁门关下上下沙河战国墓葬

清代玉锁

群，规模之大和盗掘之猖狂一样叫人惊叹和扼腕，千疮百孔惨不忍睹，听贾先生说，20世纪80年代开始就有人开始盗掘，最盛时300多人同时作业，难道没人管吗？为何至今没有正规考古队来抢救发掘呢？

杨：这种现象曾经有过，但是在《中华人民共和国文物保护法》出台之后，相关职能部门进行了严厉打击，现在处理了十几个，包括公安系统的干警。现在文化强县战略实施以来，文物保护意识增强，大大普及，盗掘现象急剧减少。露头就严打。

唐：太可惜了。这几天跑了好几个遗址，像铁裹门、沙河墓葬群等规模都很大，虽然已遭破坏，但抢救性发掘清理的意义依然很大，能为玉石之路雁门关段提供更多物证，因此强烈建议联合省市考古部门进行抢救性发掘清理工作。这是见证并重建代县历史文化名城的最直观物证啊。

杨：我会把这个意见反馈上去，争取吧。难度大啊。

唐：代县私人收藏玉器多吗?

杨：代县喜欢玉器的很多很多，比比皆是。小姑娘佩戴玉镯，老年人也喜欢佩戴玉器，如扳指、玉镯子、玉戒指等。在玉文化盛行的代州，不乏享誉国内外的收藏大家也有七八个。从事玉器加工也有七八家。代县经营玉器是有历史的。比如四大社

十二行中，其中一大社就是珠宝玉器行。

唐：最后一个问题，童蒙读物《千字文》里有"玉出昆冈"、"河出昆仑"，《穆天子传》里周穆王西巡渡黄河绝漳水，逾滹沱绝隃之关蹬（注曰即古雁门关），看来，滹沱河和玉石之路关系非浅啊，那么滹沱河在玉石之路雁门关段处于什么地位，发挥着何种功能呢？

杨：古人观念里，山高水长、山水相济，有山有水之地就应该出有灵气的石头，就应该能孕育、养护有灵气的石头。所以，有昆山玉也是情理之中。从现在科学地质角度来说，古籍中说的昆山玉很可能就是产于代县的碫石。当然这个结论应该交给地质矿物学家来做出科学的结论。但是，我坚信有山有水，特别是有滹沱河的雁门山，应该会产出有灵气的石头。

古滹沱河是重要水运航道，在20世纪60年代尚可行船。正定大佛寺有一种古老的传说：代县木料在夏季砍伐，用滹沱河水漂浮，冬季结冰后，从冰面拖运到工地。这些都说明，古滹沱河是可以用于航运的。

唐：十分感谢杨局长。希望未来的地质监测和文献考证结合，能证明昆山玉和碫石究竟是什么关系。

补记：7月25日在大同左国栋先生的大同玉专卖店里，我看到下图这颗漂亮的石头，像极了杨局长所描述的碫石，便像左先生打听可否是碫石。左先生有些犹疑，但还是很肯定地说他也不知道，但这个是产于大同阳高天

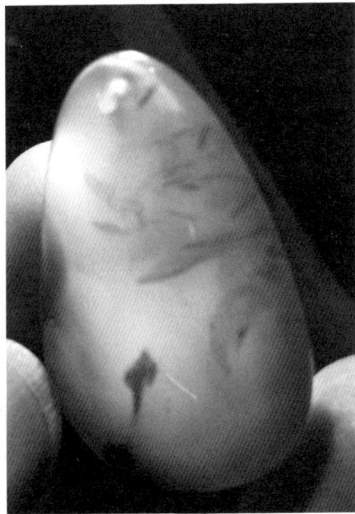

大同玉：冰里飘血

镇山一带的。我随即拍了照片发给了杨局长，向他咨询否就是他所言的硬石。当时杨局长正在开车前往太原，之后非常认真地打电话说：看起来差不多，但又不全是。硬石多见于代县的雁门山上，最多见的是白色的，应该就是石英石类的。代县流传的民间疗方就有用这种石英石和着艾草煮水擦拭创口，疗效还很好呢。这让我想起前天去铁裹门，从赵庄（离铁裹门最近的一个村庄）往上，沿着河沟一直往上，最常见的一种石头就是白色石英，而且从河沟往上越来越大块儿。牧羊的大爷说当地拿这种石头制造器皿，像吃饭的碗、装东西的容器等等。我们沿途还捡了不少，但像杨局长描述的冰里投血红的极品并没有见到。大同玉店初见，还真以为找到了神秘的硬石呢。

（作者系上海 交通大学人文学院副教授）

丝绸之路经济带与古州雁门